NEJLEPŠÍ RECEPT NA DORT PRO KAŽDÉHO

100 neuvěřitelných receptů na dorty, brownies, sušenky a muffiny pro každou příležitost

Karolína Berkyová

Všechna práva vyhrazena.
Zřeknutí se odpovědnosti

Informace obsažené v této eKnize mají sloužit jako ucelená sbírka strategií, o kterých autor této eBooku provedl výzkum. Shrnutí, strategie, tipy a triky jsou pouze doporučeními autora a přečtení této e-knihy nezaručí, že vaše výsledky budou přesně odrážet výsledky autora. Autor e-knihy vynaložil veškeré přiměřené úsilí, aby čtenářům e-knihy poskytl aktuální a přesné informace. Autor a jeho spolupracovníci nenesou odpovědnost za jakékoli neúmyslné chyby nebo opomenutí, které mohou být nalezeny. Materiál v elektronické knize může obsahovat informace třetích stran. Materiály třetích stran zahrnují názory vyjádřené jejich vlastníky. Autor e-knihy jako takový nepřebírá odpovědnost ani odpovědnost za jakýkoli materiál nebo názory třetích stran.

Elektronická kniha je chráněna autorským právem © 2023 se všemi právy vyhrazenými. Je nezákonné redistribuovat, kopírovat nebo vytvářet odvozené práce z této e-knihy jako celku nebo zčásti. Žádná část této zprávy nesmí být reprodukována nebo znovu přenášena v jakékoli reprodukované nebo znovu přenášené formě v jakékoli formě bez písemného výslovného a podepsaného souhlasu autora.

OBSAH

- OBSAH 3
- ÚVOD 7
- **PIES** 9
  - 1. Dýňový koláč 10
  - 2. Jižní sladký bramborový koláč 12
  - 3. Brusinkový koláč 14
  - 4. Italský artyčokový koláč 16
  - 5. Špagetový masový koláč 19
  - 6. Krémový koláč Ricotta 21
  - 7. Cheesecake z dýňového koláče 23
  - 8. Rustikální chata koláč 25
- **SUFLÉ** 27
  - 9. Kukuřičné soufflé 28
  - 10. Díkůvzdání Mrkvové soufflé 30
  - 11. Jablečný dezert Fantasy 32
  - 12. Soufflé z žaludové dýně 34
  - 13. Meruňkové a pistáciové suflé 36
  - 14. Brokolicové suflé 38
  - 15. Měsíčkový soufflé 40
  - 16. Čokoládové suflé 42
  - 17. Padlé citronové suflé 44
  - 18. Mražené brusinkové suflé s cukrem 47
- **DORT** 50
  - 19. Dýňový dort 51
  - 20. Směs na dort Schwarzwaldský dort 53
  - 21. Dort Mix Třešňový srdečný dort 55
  - 22. Dort Mix Cuketový dort 57
  - 23. Čokoládový dort 59
  - 24. Toffee Poke Cake 61
  - 25. Puding Puding Cake 63
  - 26. Mandlový čokoládový dort 65
  - 27. Ananasový kávový koláč 67

28. Glazovaný dort z řepy 69
29. Vlhký Stonerův dort 71
30. Čokoládový vrstvený dort 73
31. Dort Tres leches 75
32. Vanilkový dort s jahodovým krémem 78
33. Španělský tvarohový koláč 80

BROWNIES 82
34. Směs na dort Konopné brownies 83
35. Triple Fudge Brownies 86
36. Smetanový sýr Brownies 88
37. Arašídové sušenky 90
38. Brownie Bites 93
39. Čokoláda Bud Brownies 95
40. Vyluhované oříškové brownies 97
41. Nízkosacharidové sušenky 99
42. Brownies z kobylky 101
43. Mátové sušenky 103
44. Čokoládové oříškové brownies 106
45. Peanut and Jelly Fudge 109
46. Nepečený mandlový fondán 111
47. Proteinové tyčinky Red Velvet Fudge 113
48. Fudge Munchies 115
49. Frosted Mocha Brownies 117
50. Pekanové máslo s chia semínky blondies 119
51. Jablečné sušenky 122
52. Brownies z máty peprné 124
53. Tyčinky z arašídového másla 126
54. Oblíbené cuketové brownies 129
55. Sladové čokoládové sušenky 131
56. Německé čokoládové sušenky 133
57. Matcha Green Tea Fudge 135
58. Gingerbread Brownies 137

COOKIES 139
59. Preclík a karamelové sušenky 140

60. Hemp Buckeye Cookie 142
61. Dort mix cookies 144
62. Devil Crunch Cookies 146
63. Pekanové sušenky 148
64. Brownies se šlehačkou 150
65. Směs na dort Sandwich Cookies 152
66. Granolové a čokoládové sušenky 154
67. Cukrové sušenky 156
68. Německé cookies 158
69. Anisette Cookies 160
70. Čokoládové sušenky 162
71. Sladké zelené sušenky 164
72. Čokoládové sušenky 166
73. Sýrové předkrmové sušenky 168
74. Sušenky z mandlového cukru 170
75. Cukrové sušenky 172
76. Cukrové sušenky s máslovou polevou 174
77. Cukrovinky z mandlové cihly 177
78. Amish cukroví 179
79. Základní cukrovinky ze sádla 181
80. Skořicové cukroví 183
81. Popraskané cukroví 185
82. Pekanové cukroví 187

KOŠÍČKY A MUFFINY 189

83. Košíčky s citronovou směsí dortů 190
84. Čokoládové karamelové košíčky 192
85. Mud Pie Cupcakes 194
86. Směs na dort Dýňové muffiny 196
87. Směs na dort Pralinkové košíčky 198
88. Košíčky Piña Colada 200
89. Mini dortíky Cherry Cola 202
90. Košíčky z červeného sametu 204
91. Cupcakes s jablečným koláčem 206
92. Myší košíčky 208

93. Kirsch Chocolate Muffins 210
94. Mrkvové muffiny 212
95. Rumové rozinkové košíčky 214
96. Horké čokoládové košíčky 217
97. Banánové rozdrobené muffiny 219
98. Citronové kokosové muffiny 221
99. Francouzské toastové košíčky 223
100. Kolibří koláčky 226
ZÁVĚR **229**

ÚVOD

Pečení je proces vaření suchým teplem, zejména v nějaké troubě. Je to pravděpodobně nejstarší způsob vaření. Pekařské výrobky, které zahrnují chléb, rohlíky, sušenky, koláče, pečivo a vdolky, se obvykle připravují z mouky nebo moučky získané z nějaké formy obilí.

Mouka je základní složkou dortů, pečiva, chleba a mnoha dalších pečených výrobků. Poskytuje strukturu nebo rámec jídla. K pečení se používají různé druhy mouky, i když nejběžněji používanou moukou je univerzální mouka, protože ji lze použít na všechny druhy pečiva. Na koláče je nejlepší použít mouku na koláč, protože je lehká a má nízký obsah bílkovin, zatímco mouka chlebová je kvůli vysokému obsahu bílkovin nejvhodnější na chleba. Mezi další mouky používané při pečení patří celozrnná mouka, mouka na pečivo atd.

Cukr funguje nejen jako sladidlo. Je také zodpovědný za to, že koláč je měkký, protože brání hydrataci mouky, která je nezbytná pro vývoj lepku. Cukr také poskytuje zlatohnědou barvu koláčů nebo chlebů. Nejpoužívanější je rafinovaný bílý cukr nebo krystalový cukr, i když některé recepty vyžadují hnědý cukr a dokonce cukr pro cukráře.

Tuk je také potřebný k pečení, protože díky němu jsou pečivo jemné, vlhké a bohaté. Máslo nebo margarín jsou obvykle preferovány kvůli jejich chuti a pro další barvu. Zkrácení se také často používá, zatímco jiné specifikují olej. Máslo může být buď smetanové nebo rozpuštěné v závislosti na jeho použití.

Aby koláče vykynuly, přidávají se kypřící látky. Tím vzniká oxid uhličitý, který je z velké části zodpovědný za zvedání koláče nebo jeho objemu. Také dělají dort lehký a porézní. Prášek do pečiva, jedlá soda a droždí jsou příklady kypřidel používaných při pečení. První 2 se používají na koláče a pečivo, zatímco droždí se používá na chleba.

Aby těsto drželo pohromadě a aby se všechny ingredience spojily, přidáme tekutinu. Tekutina může být ve formě vody, mléka nebo džusů. Mlékem se rozumí plnotučné kravské mléko. Nahrazení konzervovaným odpařeným mlékem; zředit v poměru 1:1. Jako náhradu lze použít i sušené plnotučné mléko, které před použitím jednoduše rozpusťte ve vodě.

Pro další strukturu, bohatost a výživu se přidávají vejce – buď celá, jen žloutky nebo jen bílky. Důležité je použít vejce stejné velikosti.

A konečně, aby byly koláče chuťově a zajímavější, přidejte ořechy, sušené ovoce, aroma, koření a dokonce i čerstvé ovoce.

PIES

1. Dýňový koláč

Výtěžek: 8 porcí

Ingredience:
- 1 plechovka (30 oz.) Mix Pumpkin Pie
- 2/3 šálku odpařeného mléka
- 2 velká vejce, rozšlehaná
- 1 nepečená skořápka 9palcového koláče

Pokyny:
a) Předehřejte troubu na 425 stupňů Fahrenheita.
b) Ve velké míse smíchejte směs dýňového koláče, odpařené mléko a vejce.
c) Nalijte náplň do skořápky koláče.
d) Pečte 15 minut v troubě.
e) Zvyšte teplotu na 350 °F a pečte dalších 50 minut.
f) Jemně s ní zatřeste, abyste zjistili, zda je zcela upečená.
g) Nechejte 2 hodiny chladit na mřížce.

2. Jižní sladký bramborový koláč

Výtěžek: 10 porcí

Ingredience:
- 2 šálky oloupaných vařených sladkých brambor
- ¼ šálku rozpuštěného másla
- 2 vejce
- 1 hrnek cukru
- 2 lžíce bourbonu
- 1/4 lžičky soli
- 1/4 lžičky mleté skořice
- 1/4 lžičky mletého zázvoru
- 1 šálek mléka

Pokyny:
a) Předehřejte troubu na 350 stupňů Fahrenheita.
b) S výjimkou mléka všechny ingredience plně rozmixujte v elektrickém mixéru.
c) Přidejte mléko a pokračujte v míchání, jakmile se vše spojí.
d) Náplň nalijte do koláčové skořápky a pečte 35–45 minut, nebo dokud nůž zasunutý poblíž středu nevyjde čistý.
e) Vyjměte z lednice a před podáváním nechte vychladnout na pokojovou teplotu.

3. **Brusinkový koláč**

Výtěžek: 8 porcí

Ingredience
- 2 koláčové kůrky
- 1 balení želatiny; pomerančová příchuť
- ¾ šálku vroucí vody
- ½ šálku pomerančové šťávy
- 1 plechovka (8 uncí) želé brusinkové omáčky
- 1 lžička strouhané pomerančové kůry
- 1 šálek studeného půl a půl nebo mléka
- 1 balení Jell-O instantní pudink, příchuť francouzská vanilka nebo vanilka
- 1 šálek šlehačky Cool Whip
- Mražené brusinky

Pokyny:
a) Předehřejte troubu na 450 °F
b) Želatinu přiveďte k varu a rozpusťte. Nalijte pomerančovou šťávu. Umístěte misku do větší misky na led a vodu. Za pravidelného míchání nechte 5 minut odležet, dokud želatina mírně nezhoustne.
c) Přidejte brusinkovou omáčku a pomerančovou kůru a míchejte, aby se spojily. Naplňte koláčovou kůru náplní. Chlaďte asi 30 minut, nebo dokud neztuhne.
d) Do středně velké mísy nalijte půl na půl. Vhoďte směs na náplň koláče. Šlehejte do úplného promíchání.
e) Odstavte na 2 minuty, nebo dokud omáčka trochu nezhoustne. Nakonec vmícháme vyšlehanou polevu.
f) Navrch jemně rozetřete želatinovou směs. Nechat 2 hodiny nebo do ztuhnutí.

4. Italský artyčokový koláč

Porce: 8 porcí
Přísada
- 3 vejce; Ubitý
- 1 3 Oz balíček smetanový sýr s pažitkou; Změkčený
- ¾ lžičky česnekového prášku
- ¼ lžičky pepře
- 1½ šálku sýra Mozzarella, část odstředěného mléka; Skartováno
- 1 šálek sýra Ricotta
- ½ šálku majonézy
- 1 14 oz plechovka artyčoková srdce; Vypuštěno
- ½ 15 oz plechovky fazole Garbanzo, konzervované; Vypláchnuto a vypuštěno
- 1 2 1/4 Oz plechovka nakrájené olivy; Vypuštěno
- 1 2 Oz Jar Pimientos; Nakrájené na kostky a okapané
- 2 lžíce petrželky; Ustřižený
- 1 koláčová kůra (9 palců); Nepečený
- 2 malé rajče; Nakrájený

Pokyny:
a) Ve velké míse smíchejte vejce, smetanový sýr, česnekový prášek a pepř. Smíchejte 1 šálek sýra mozzarella, sýr ricotta a majonézu v míse.
b) Míchejte, dokud se vše dobře nespojí.
c) 2 artyčoková srdce rozkrojte napůl a dejte stranou. Zbytek srdíček nasekejte.
d) Přidejte sýrovou směs s nakrájenými srdíčky, garbanzo fazolemi, olivami, pimientos a petrželkou. Směsí naplňte obal na pečivo.
e) Pečte 30 minut na 350 stupňů. Zbývající sýr mozzarella a parmezán by měly být posypány nahoře.
f) Pečte dalších 15 minut nebo dokud neztuhnou.
g) Nechte 10 minut odpočívat.
h) Navrch položte plátky rajčat a na čtvrtky nakrájená artyčoková srdíčka.
i) Sloužit

5. Špagetový masový koláč

Počet porcí: 4-6

Ingredience:
- 1 - 26 uncí sáček hovězí karbanátky
- 1/4 šálku nasekané zelené papriky
- 1/2 šálku nakrájené cibule
- 1-8 oz. balíček špaget
- 2 vejce, mírně rozšlehaná
- 1/2 šálku strouhaného parmazánu
- 1-1/4 šálku strouhaného sýra mozzarella
- 26 oz. sklenice tlustá omáčka na špagety

Pokyny:
a) Předehřejte troubu na 375°F. Papriku a cibuli restujte do změknutí, asi 10 minut. Dát stranou.
b) Špagety uvaříme, scedíme a propláchneme studenou vodou a osušíme. Vložte do velké mixovací nádoby.
c) Přidejte vejce a parmazán a míchejte, aby se spojily. Směs vtlačte na dno nastříkaného 9" koláčového talíře. Navrch dejte 3/4 šálku strouhaného sýra mozzarella. Zmrazené masové kuličky rozmrazte v mikrovlnné troubě po dobu 2 minut.
d) Každou masovou kuličku rozkrojte napůl. Půlky karbanátků navrstvíme na sýrovou směs. Smíchejte omáčku na špagety s vařenou paprikou a cibulí.
e) Lžící na vrstvu masových kuliček. Volně přikryjeme alobalem a pečeme 20 minut.
f) Vyjměte z trouby a posypte směsí omáčky na špagety 1/2 šálku sýra mozzarella.
g) Pokračujte v pečení odkryté dalších 10 minut, dokud nezměknou. Nakrájejte na měsíčky a podávejte.

Krémový koláč Ricotta

Porce: 6

Ingredience:
- 1 koláčová kůra z obchodu
- 1 ½ lb. sýr ricotta
- ½ šálku sýra mascarpone
- 4 rozšlehaná vejce
- ½ šálku bílého cukru
- 1 polévková lžíce brandy

Pokyny:
a) Předehřejte troubu na 350 stupňů Fahrenheita.
b) Smíchejte všechny ingredience na náplň v míse. Poté směs nalijte do korpusu.
c) Předehřejte troubu na 350 °F a pečte 45 minut.
d) Koláč před podáváním dejte alespoň na 1 hodinu do lednice.

6. Cheesecake z dýňového koláče

Dělá 1

Ingredience
Kůra
- 3/4 šálku mandlové mouky
- 1/2 šálku lněného semínka
- 1/4 šálku másla
- 1 lžička. Koření na dýňový koláč
- 25 kapek tekuté stévie

Plnění
- 6 uncí Veganský smetanový sýr
- 1/3 šálku dýňového pyré
- 2 polévkové lžíce zakysané smetany
- 1/4 šálku Vegan Heavy Cream
- 3 polévkové lžíce másla
- 1/4 lžičky. Koření na dýňový koláč
- 25 kapek tekuté stévie

Pokyny
a) Smíchejte všechny suché ingredience kůry a důkladně promíchejte.
b) Smíchejte suché ingredience s máslem a tekutou stévií, dokud nevznikne těsto.
c) Pro vaše mini dortové formy rozválejte těsto do malých kuliček.
d) Těsto přitiskněte ke stěně dortové formy, dokud nedosáhne a nebude stoupat po stranách.
e) Smíchejte všechny přísady na náplň v míse.
f) Ingredience na náplň rozmixujte ponorným mixérem.
g) Jakmile jsou ingredience na náplň hladké, rozdělte je do korpusu a vychlaďte.
h) Vyjměte z lednice, nakrájejte a podle potřeby přidejte šlehačku.

7. Rustikální chata koláč

Vyrobí 4 až 6 porcí

Ingredience
- Brambory Yukon Gold, oloupané a nakrájené na kostičky
- 2 lžíce veganského margarínu
- 1/4 šálku obyčejného neslazeného sójového mléka
- Sůl a čerstvě mletý černý pepř
- 1 lžíce olivového oleje
- 1 středně žlutá cibule, nakrájená nadrobno
- 1 střední mrkev, jemně nakrájená
- 1 celerové žebro, nakrájené nadrobno
- 12 uncí seitanu, jemně nakrájeného
- 1 šálek mraženého hrášku
- 1 šálek mražených kukuřičných zrn
- 1 lžička sušeného pikantního
- 1/2 lžičky sušeného tymiánu

Pokyny
a) V hrnci s vroucí osolenou vodou vařte brambory do měkka, 15 až 20 minut.
b) Dobře sceďte a vraťte do hrnce. Přidejte margarín, sójové mléko a podle chuti sůl a pepř.
c) Tyčem na brambory nahrubo rozmačkáme a dáme stranou. Předehřejte troubu na 350 °F.
d) Ve velké pánvi rozehřejte olej na středním plameni. Přidejte cibuli, mrkev a celer.
e) Přikryjte a vařte do měkka, asi 10 minut. Přeneste zeleninu do pekáče o rozměrech 9 x 13 palců. Vmíchejte seitan, houbovou omáčku, hrášek, kukuřici, pikantní a tymián.
f) Dochuťte solí a pepřem podle chuti a směs rovnoměrně rozprostřete do pekáče.
g) Navrch dejte bramborovou kaši, kterou rozetřete až k okrajům pekáče. Pečte, dokud brambory nezhnědnou a náplň není bublinková, asi 45 minut.
h) Ihned podávejte.

SUFLÉ

8. Kukuřičné soufflé

Výtěžek: 8-10 porcí

Ingredience:
- 1 střední cibule
- 5 liber mražená sladká kukuřice
- 6 šálků Monterey Jack, drcený
- 3 vejce
- 1 lžička soli

Pokyny:
a) Na pánvi na olivovém oleji zpěníme cibuli. Dát stranou.
b) V kuchyňském robotu namelte kukuřici.
c) Smícháme a vmícháme ostatní ingredience včetně orestované cibule.
d) Vložte do zapékací mísy 8x14, která byla vymazaná máslem.
e) Pečte při 375 °F asi 25 minut, nebo dokud není vršek zlatavě hnědý.

9. Díkůvzdání Mrkvové soufflé

Výtěžek: 8 porcí

Ingredience:
- 2 libry čerstvá mrkev, oloupaná a vařená
- 6 vajec
- 2/3 šálku cukru
- 6 polévkových lžic matzoh jídla
- 2 lžičky vanilky
- 2 tyčinky másla nebo margarínu, rozpuštěné
- Špetka muškátového oříšku
- 6 lžic hnědého cukru
- 4 polévkové lžíce másla nebo margarínu, rozpuštěného
- 1 hrnek nasekaných vlašských ořechů

Pokyny:
a) Mrkev a vejce rozmixujte v kuchyňském robotu.
b) Následujících pět ingrediencí zpracujte do hladka.
c) Pečte 40 minut ve vymazaném pekáči 9x13 při 350 °F.
d) Přidejte polevu a pečte dalších 5-10 minut.

10. Jablečný fantasy dezert

Ingredience:
- 2/3 c. mouka
- 3 lžičky prášku do pečiva
- 1/2 lžičky soli
- 2 vejce
- 1 c. krystalový cukr
- 1/2 c. hnědý cukr
- 3 lžičky vanilky nebo rumu nebo bourbonu
- 3 c. nakrájená jablka

Pokyny:
a) Rozšleháme vejce, přidáme cukr a vanilku a dobře prošleháme. Přidejte suché přísady a promíchejte. Nasypte do jablek a míchejte, dokud se rovnoměrně nerozdělí. Vložíme do hlubokého pekáčku nebo misky na suflé.
b) Pečte 45 minut při 350 °C. Podávejte teplé.

11. Soufflé z žaludové dýně

Výtěžek: 4 porce

Přísada
- 1 vaječný bílek
- 2 žalud tykve
- 4 lžičky hnědého cukru
- strouhání čerstvého muškátového oříšku
- $\frac{1}{8}$ lžičky soli
- 4 polévkové lžíce másla
- $\frac{1}{4}$ lžičky mleté skořice
- 1 vejce, oddělené
- čerstvě mletý černý pepř

Pokyny:
a) Předehřejte troubu na 400 F. Umyjte squash. Dýni rozkrojte napůl a vydlabejte semínka. Půlky dýně vložte kůží nahoru do $1\frac{1}{4}$ cm vody do pekáče a pečte 30 minut.
b) Vyjměte z trouby. Pomocí kleští otočte poloviny tykve. Do každé poloviny dejte 1 lžíci másla. Pečte znovu 30 minut nebo dokud dužina nezměkne. Chladíme 30 minut.
c) Dýni opatrně vyjměte z pekáče a do mísy nalijte máslo.
d) Bez poškození slupky opatrně vydlabejte dužinu z každé poloviny tykve a vložte do stejné misky. V mixéru nebo kuchyňském robotu rozmixujte dýni s máslem, cukrem, kořením a vaječným žloutkem. Nalijte do mixovací nádoby.
e) Bílky ušlehejte se solí, dokud nevytvoří tuhé špičky. SLOŽTE do pyré. Pracujte rychle, ale opatrně, zachovejte objem bílku. Směs na suflé vlijte do půlek dýně a pečte 25 minut. nebo dokud nejsou vršky hnědé a nezačnou praskat. Ihned podávejte.

12. Meruňkové a pistáciové suflé

Výtěžek: 6-8
Přísada
- 3 lžíce másla
- 4 lžíce mouky
- 1½ šálku mléka
- 6 žloutků
- 8 Vaječné bílky
- špetka soli
- ⅛ lžičky tatarského krému
- ½ meruňkový a ananasový džem
- ½ meruňkový a ananasový džem
- ¼ lžičky mandlového extraktu
- 2 Mandlový extrakt
- šlehačka
- sušené meruňky, namočené
- vyloupané pistáciové oříšky
- meruňková brandy (volitelné)
- cukrářský cukr
- Mleté pistáciové oříšky

Pokyny:
a) Předehřejte troubu na 400-F.
b) Rozpusťte máslo a přidejte mouku. Za postupného míchání drátěnou metlou přidávejte mléko, aby vznikla hustá hladká omáčka.
c) Přidejte cukr. Sundejte z plotny a po jednom přidávejte žloutky.
d) Přidejte mandlový extrakt, okapané, nasekané meruňky, pistáciové oříšky a volitelně brandy. Z bílků se špetkou soli a tatarskou smetanou ušleháme tuhý sníh.
e) Vmíchejte meruňkovou směs a lžící vložte do máslem vymazané a cukrem posypané misky na suflé o objemu 6 šálků. Vložte suflé do trouby a okamžitě snižte teplotu na 375-F. Pečte 25 minut.

13. Brokolicové suflé

Výtěžek: 8 porcí

Přísada
- 2 balení Mražená brokolice; (10 oz. každý
- 3 vejce
- Sůl a pepř na dochucení
- 1 lžíce cibulové polévkové směsi
- ½ šálku majonézy
- Namažte pánev
- 2 polévkové lžíce moučky Matzah, rozdělené

Pokyny:
a) Brokolici uvaříme podle návodu na obalu. Důkladně sceďte.
b) Dát stranou. V míse dobře rozšlehejte vejce se solí, pepřem a cibulovou polévkovou směsí; osolte majonézu a pokračujte v šlehání, dokud se dobře nespojí. Vmícháme uvařenou brokolici.
c) Vymažte 7 x 11½" pekáč. Lehce poprašte 1 polévkovou lžící macesové mouky. Na pánev nasypte brokolici a vrch posypte zbylou macesovou moukou.
d) Pečte na 350 40-50 minut, nebo dokud není vršek zlatavý.

14.   Měsíčkový soufflé

Výtěžek: 4 porce

Přísada
- 1 lžíce másla
- 2 lžíce parmazánu
- 6 vajec
- ½ šálku Půl na půl (to je napůl mléko; pro Neameričany napůl smetana)
- ¼ šálku strouhaného parmazánu
- 1 lžička Připravená hořčice
- ½ lžičky soli
- ½ lžičky Cayenne
- 1 čárka muškátový oříšek
- ½ libry Sharp Cheddar; nakrájet na malé kousky
- 10 uncí smetanového sýra; nakrájet na malé kousky
- ½ šálku okvětních lístků měsíčku

Pokyny:

a) Do 5 šálků misky na suflé rozetřete máslo. Posypeme 2 lžícemi parmazánu.

b) Vejce, ¼ hrnku parmazánu, půl na půl, hořčici, sůl, kajenský oříšek a muškátový oříšek rozšlehejte v mixéru do hladka. Zatímco motor stále běží, přidejte po kouscích čedar a poté smetanový sýr. Nalijte do připravené misky a vmíchejte okvětní lístky měsíčku.

c) Pečte 45 až 50 minut při 375 F, nebo dokud není vršek zlatohnědý a mírně popraskaný. Ihned podávejte, ozdobte dalšími květy měsíčku.

15. Čokoládové suflé

Výtěžek: 5 porcí

Přísada
- ⅓ šálku světlé smetany 3 žloutky
- 1 každé 3-uncové balení Dash salt
- Smetanový sýr 3 bílky
- ½ šálku polosladké
- Čokoládové kousky
- 3 lžíce Prosáté
- Cukrářský cukr

Pokyny:
a) Smíchejte smetanu a smetanový sýr na velmi mírném ohni. Přidejte kousky čokolády; zahřejte a míchejte, dokud se nerozpustí. Chladný. Vyšlehejte žloutky a sůl do zhoustnutí a citronové barvy. Postupně vmícháme do čokoládové směsi. Vyšlehejte bílky, dokud se nevytvoří měkké vrcholy.
b) Postupně přidávejte cukr a šlehejte do tuhých špiček; vmícháme čokoládovou směs. Nalijte do nevymazané 1-litrové suflé misky nebo kastrolu. Pečte v pomalé troubě (300ø) 45 minut nebo dokud vložený nůž nevyjde čistý.

16. Padlé citronové suflé

Výtěžek: 1 porce

Přísada
- 3 velká vejce; oddělené
- 3 lžíce cukru
- 1½ lžíce hladké mouky
- 2 lžičky rozpuštěného másla
- 100 mililitrů čerstvé citronové šťávy
- 1 lžíce citronové kůry
- 190 mililitrů mléka
- 2 lžičky rozpuštěného másla; další
- 3 lžíce cukru; další
- Čerstvé lístky máty
- Zakoupený sorbet nebo zmrzlina

Pokyny:

a) Předehřejte troubu na 180c. a máslem šest misek na suflé (kapacita asi 200 ml.) Posypte je extra cukrem a dejte stranou.
b) Žloutky a cukr ušlehejte do zhoustnutí a krému, poté přidejte mouku a máslo a pokračujte ve šlehání, dokud se cukr důkladně nerozpustí. Vmíchejte citronovou šťávu, citronovou kůru a mléko a šlehejte, dokud nebude těsto hladké.
c) V samostatné misce ušlehejte bílky do „pěny", poté pokračujte ve šlehání a přidávejte cukr. Šlehejte na vysokou rychlost, dokud nejsou bílky tuhý a lesklý.
d) Vaječné bílky vmíchejte do citronového těsta a těsto rozdělte rovnoměrně mezi připravené misky na suflé.
e) Nádoby na suflé vložte do pekáče a poté naplňte studenou vodou, dokud hladina vody nedosáhne poloviny stěn nádob na suflé.
f) Pečeme je na 180 st. po dobu 40 minut.
g) Když jsou suflé hotové, vyjměte je z vodní lázně a dejte do lednice alespoň na 30 minut nebo až 6 hodin.
h) Před podáváním je nechte ohřát na pokojovou teplotu, pak nožem přejeďte okrajem každé misky na suflé a obraťte suflé na servírovací talíř. Poprášíme moučkovým cukrem a ozdobíme lístky máty. Podávejte s hustou smetanou nebo zmrzlinou, pokud chcete.

17. Mražené brusinkové suflé s cukrem

Výtěžek: 2 porce

Přísada
- 2½ šálku brusinek, natrhaných
- ⅔ šálku cukru
- ⅔ šálku vody

Pro italské pusinky:
- ¾ šálku cukru
- ⅓ šálku vody
- 4 velké bílky
- 2½ šálku dobře vychlazené husté smetany na točený cukrový věnec:
- ½ šálku světlého kukuřičného sirupu
- ¼ šálku cukru
- ½ šálku brusinek, natrhaných
- Snítky máty na ozdobu

Pokyny:
a) Připravte brusinkovou směs: V těžkém hrnci smíchejte brusinky, cukr a vodu a přiveďte směs k varu a míchejte, dokud se cukr nerozpustí. Směs vařte za občasného míchání 5 minut nebo do zhoustnutí a nechte úplně vychladnout.
b) Připravte italské pusinky: V malém těžkém hrnci smíchejte cukr a vodu a přiveďte směs k varu a míchejte, dokud se cukr nerozpustí. Vařte sirup, omyjte všechny krystaly cukru ulpívající na stěně pánve kartáčem namočeným ve studené vodě, dokud na cukrovinkovém teploměru nezaznamená 248 stupňů F. a sundejte pánev z ohně. Zatímco se sirup vaří, ve velké míse elektrického šlehače ušlehejte bílky se špetkou soli, dokud nebudou měkké, při běžícím motoru přilévejte horký sirup proudem, šlehejte a šlehejte pusinky. střední rychlost po dobu 8 minut, nebo dokud nevychladne na pokojovou teplotu.

c) Brusinkovou směs jemně, ale důkladně vmícháme do pusinky. V jiné míse vyčištěnými šlehači ušlehejte smetanu tak, aby držela tuhé špičky a jemně, ale důkladně ji vmíchejte do brusinkové směsi. Lžící vložíme suflé do 2½ qt. servírovací mísa z mrazuvzdorného skla (průměr 8 palců), uhlaďte vršek a zmrazte suflé s povrchem pokrytým plastovým obalem přes noc. suflé lze připravit 3 dny předem a uchovávat zakryté a zmrazené.

d) Udělejte stáčený cukrový věnec: V malém těžkém hrnci smíchejte kukuřičný sirup a cukr, přiveďte směs k varu na mírném ohni, míchejte, dokud se cukr nerozpustí, a vařte sirup, dokud nezíská zlatý karamel a nezaznamená 320 stupňů F. na cukroví teploměr.

e) Zatímco se sirup vaří, lehce naolejujte 12-palcový čtvercový plát faulu a naskládejte na něj brusinky do tvaru věnce o šířce 6 palců.

f) Sundejte pánev z plotny a nechte sirup 30 sekund vychladnout.

g) Ponořte vidličku do sirupu a sirupem pokapejte brusinky a tento postup opakujte, dokud nejsou brusinky zakryté a nevytvoří se věnec. (Pokud je sirup příliš hustý, než aby mohl mrhat z vidličky, zahřejte na mírném ohni, dokud nebude mít správnou konzistenci.) Nechte věnec úplně vychladnout. Věnec může být vyroben 2 hodiny předem - nejlépe ne ve vlhkém dni - a skladován na chladném a suchém místě.

h) Věnec jemně vypáčte z fólie, naaranžujte na suflé a ozdobte snítkami máty.

DORT

18. Dýňový Dump Cake

Výtěžek: 10 porcí

Ingredience:
- 1-30 oz. dýňový koláč pyré
- 2 vejce
- 1 plechovka odpařeného mléka
- 1/2 krabice žluté dortové směsi
- 1 hrnek nasekaných vlašských ořechů
- 1/2 šálku másla

Pokyny:
a) Předehřejte troubu na 350 stupňů Fahrenheita.
b) Pomocí mixéru důkladně promíchejte pyré z dýňového koláče, vejce a mléko.
c) Nalijte ingredience do pánve 11x7 nebo 8x8.
d) Nahoru lehce zašlehejte 1/2 krabice suché dortové směsi.
e) Navrch dejte nasekané vlašské ořechy a 1/2 šálku rozpuštěného másla.
f) Pečte asi 40 minut.
g) Nechte vychladnout, dokud nebudete připraveni k podávání.
h) Navrch přidáme šlehačku.

19. Dort Mix Černý Les Dort

Vyrábí: 12

Ingredience
- 1 18,25 uncový balíček čokoládový dort mix
- 1 21-uncová plechovka náplně třešňového koláče
- 2 vejce
- 1/3 šálku olivového oleje
- 1 lžička mandlového extraktu
- 1 šálek krystalového cukru
- 5 lžic másla
- 1/3 šálku mléka
- 1 šálek čokoládových lupínků

Pokyny
a) Předehřejte troubu na 350 °F. Dortovou formu vymažte tukem a moukou. Dát stranou.
b) Ve velké míse smíchejte dortovou směs, koláčovou náplň, vejce, olej a mandlový extrakt. Promícháme, aby vzniklo hladké těsto. Pečte 30 minut.
c) Mezitím smíchejte zbývající ingredience v hrnci a mírně přiveďte k varu. Míchejte do hladka a použijte k mrazení teplého koláče.

20. Dort Mix Cherry Cordial Cake

Vyrábí: 12

Ingredience
- 1 směs čokoládového dortu o objemu 18,25 uncí
- 1 3,9 uncový balíček instantní čokoládový pudingový mix
- 4 vejce
- 1 ¼ šálku vody
- ½ šálku olivového oleje
- 1 lžíce třešňového extraktu nebo aroma
- 1 šálek čokoládových kousků
- 1 vana připravená čokoládová poleva
- Třešňové srdečné bonbóny na ozdobu

Pokyny
a) Předehřejte troubu na 350 °F. Dortovou formu vymažte tukem a moukou. Dát stranou.
b) Ve velké míse smíchejte dortovou směs, pudingovou směs, vejce, vodu, olej a extrakt. Mixujte pomocí elektrického mixéru nastaveného na nízkou rychlost po dobu 2 minut.
c) Nalijte těsto do dortové formy. Na mokré dortové těsto rovnoměrně posypte čokoládové kousky. Pečte 55 minut. Před polevou a zdobením bonbóny nechte dort zcela vychladnout.

21. Dort Mix Cuketový dort

Vyrábí: 12

Ingredience
- ¾ šálku másla
- 3 vejce
- 1 lžička vanilkového extraktu
- ¼ lžičky mandlového extraktu
- 1 šálek zakysané smetany
- 1 18,25-uncový čokoládový dort mix s pudinkem
- 1 střední cuketa, nastrouhaná
- 1 čokoládová poleva připravená ve vaně o objemu 12 uncí

Pokyny
a) Předehřejte troubu na 325 °F.
b) Ve velké míse smíchejte smetanové máslo, vejce, vanilkový extrakt a mandlový extrakt. Pomalu vmícháme zakysanou smetanu. Přidejte koláčovou směs. Vmícháme nastrouhanou cuketu.
c) Lžící nalijte těsto do dortové formy a protřepávejte, dokud nebude těsto rovné. Pečte 45 minut, nebo dokud nevyjde párátko čisté.
d) Před obrácením formy na servírovací talíř koláč zcela vychladněte.

22. Čokoládový dort

Množství: 20 porcí

Ingredience

- 1 balení směsi čokoládového dortu
- 2 lžičky vanilkového extraktu, rozdělené
- Posypová sůl
- 2/3 šálku másla
- 28 uncí slazeného kondenzovaného mléka
- 1 hrnek cukrářského cukru
- Poleva: Sendvičové sušenky plněné arašídovým máslem, košíčky s arašídovým máslem nebo kombinace obou

Pokyny

a) Předehřejte troubu na 350°. Připravte dortovou směs podle návodu na obalu, před mícháním těsta přidejte 1 lžičku vanilky a sůl. Přeneste na vymazaný 13x9-in. pekáč. Pečeme a zcela vychladíme podle návodu na obalu.
b) Šlehejte máslo a mléko, dokud se nespojí. Pomocí konce rukojeti vařečky propíchněte do koláče otvory 2 palce od sebe.
c) Pomalu nalijte 2 šálky máslové směsi na koláč a vyplňte každý otvor.
d) Dort a zbývající máslovou směs chlaďte zakryté, dokud koláč nevychladne, 2-3 hodiny.
e) Smíchejte zbývající vanilku a zbývající směs arašídového másla; postupně zašlehejte tolik cukrářského cukru, aby dosáhl konzistence roztírání.
f) Rozetřete na dort. Přidejte polevy podle potřeby.

23. Toffee Poke dort

Množství: 15 porcí

Ingredience
- 1 balení směsi čokoládového dortu
- 17 uncí máslovo-karamelové zmrzlinové polevy
- 12 uncí zmrazené šlehané polevy, rozmražené
- 1 šálek másla
- 3 nasekané tyčinky Heath

Pokyny
a) Připravte a upečte koláč podle návodu na obalu s použitím másla.
b) Ochlaďte na mřížce.
c) Pomocí rukojeti vařečky vyvrtejte do dortu dírky. Nalijte 3/4 šálku karamelové polevy do otvorů. Zbylý karamel nalijte na dort. Navrch našleháme šlehačku. Posypeme cukrovím.
d) Před podáváním dejte alespoň na 2 hodiny do lednice.

24. Puding Puding Dort

Množství: 12 porcí

Ingredience
- 1 balení směsi čokoládového dortu
- 1 balení (3,9 unce) instantní čokoládové pudingové směsi
- 2 šálky zakysané smetany
- 4 velká vejce
- 1 šálek vody
- 3/4 šálku olivového oleje
- 1 šálek polosladkých čokoládových lupínků
- Šlehačka nebo zmrzlina

Pokyny

a) Ve velké míse smíchejte prvních šest ingrediencí; bít na nízkou rychlost po dobu 30 sekund. Šlehejte na medium po dobu 2 minut. Vmíchejte čokoládové lupínky. Nalijte do vymazané 5-qt. pomalý kuchař.

b) Přikryjte a vařte na nízké teplotě, dokud z párátka zapíchnutého do středu nevyjdou vlhké drobky, 6–8 hodin.

25. Mandlový čokoládový dort

Množství: 16 porcí

Ingredience
- 1 balení směsi čokoládového dortu (běžná velikost)
- 1 balení (3,9 unce) instantní čokoládové pudingové směsi
- 1-1/4 šálku vody
- 1/2 šálku olivového oleje
- 4 velká vejce
- 3 lžičky mandlového extraktu
- 2-3/4 šálků polosladkých čokoládových lupínků, rozdělených
- 6 lžic chlazené běžné nebo nemléčné smetany s příchutí amaretto
- 1 lžíce nakrájených mandlí

Pokyny

a) Ve velké míse smíchejte dortovou směs, pudingovou směs, vodu, olej, vejce a extrakt; šlehejte, dokud se nespojí. Vmíchejte 2 šálky čokoládových lupínků.

b) Vlijeme do vymazaného a moukou vysypaného 10-in. rýhovaná trubková pánev. Pečte při 350° po dobu 65-70 minut, nebo dokud nebude párátko zapíchnuté do středu čisté. Před vyjmutím z pánve na mřížku ochlaďte 10 minut, aby úplně vychladla.

c) Na pánvi smíchejte smetanu a zbývající čokoládové lupínky. Vařte na mírném ohni, dokud se hranolky nerozpustí; míchejte do hladka. Chladíme 45 minut. Pokapejte dort. Ozdobte mandlemi.

26. Ananasový kávový dort

Počet porcí: 12 porcí

Přísada
- 2 šálky směsi čokoládového dortu
- 1 vejce
- ⅓ šálku granulovaného cukru
- ⅓ šálku mléka

Polevy
- ⅓ šálku Pečte vše promíchejte
- ⅓ šálku hnědého cukru – balené
- ½ lžičky mleté skořice
- 1 šálek ananasových kousků – okapané

Pokyny
a) Vejce rozklepneme do misky a mírně prošleháme. Přidejte cukr a mléko a dobře promíchejte. Postupně přidejte 2 šálky Mixu. Šlehejte, dokud se nesmíchá.
b) Naplňte do ½ formy na pečení
c) Připravte polevu smícháním ⅓ šálku Mix, hnědého cukru a skořice. Na těsto rozprostřete kousky ananasu. Ananas potřeme polevou.
d) Pečte v troubě vyhřáté na 400 F. 15 až 20 minut.

27. Glazovaný dort z řepy

Vyrábí: 8

Ingredience
- 1 směs čokoládového dortu o objemu 18 uncí plus přísady požadované na krabici
- 3 šálky řepy, nakrájené
- 4 lžíce másla, rozpuštěného
- ½ šálku cukrářského cukru

Pokyny
a) Připravte a upečte dort podle návodu na dortovou směs, přidávejte řepu a přidávejte mokré přísady.
b) Nechte koláč mírně vychladnout.
c) Máslo a cukrářský cukr ušleháme vidličkou.
d) Dort polijte polevou.

28. Vlhký Stoner's Cake

Vyrábí: 8

Ingredience
- 1 směs čokoládového dortu o objemu 18,25 uncí
- 1 šálek zakysané smetany
- 1 šálek kokosového oleje
- 4 vejce
- ½ šálku vody
- 1 16-uncová vana připravená polevou

Pokyny
a) Předehřejte troubu na 350 °F. Dortovou formu vymažte tukem a moukou. Dát stranou.
b) Ve velké míse smíchejte dortovou směs, zakysanou smetanu, kokosový olej, vejce a vodu. Nalijte do dortové formy. Pečte 50 minut.
c) Vyjměte z trouby a nechte zcela vychladnout. Mráz

29. Čokoládový vrstvený dort

Vyrábí: 12

Ingredience
- 1 Směs čokoládového dortu o objemu 18,25 uncí plus přísady požadované na krabici
- 1 karamelová zmrzlina o objemu 6 uncí
- 7 uncí olivového oleje
- 1 8-uncová vana šlehaná nemléčná, rozmražená
- 8 sladkých tyčinek, nasekaných nebo nalámaných na kousky

Pokyny
a) Připravte a upečte dort podle návodu na dort o rozměrech 9" × 13".
b) Vyjměte dort z trouby a nechte 10 minut vychladnout, než v horní části dortu propíchnete otvory pomocí dlouhé vidlice nebo špejle.
c) Dort nalijte karamelem a poté kondenzovaným mlékem a vyplňte všechny otvory. Dort necháme stát, dokud úplně nevychladne.
d) Potřeme našlehanou polevou a posypeme kousky cukroví. Dejte do lednice

30. Dort Tres leches

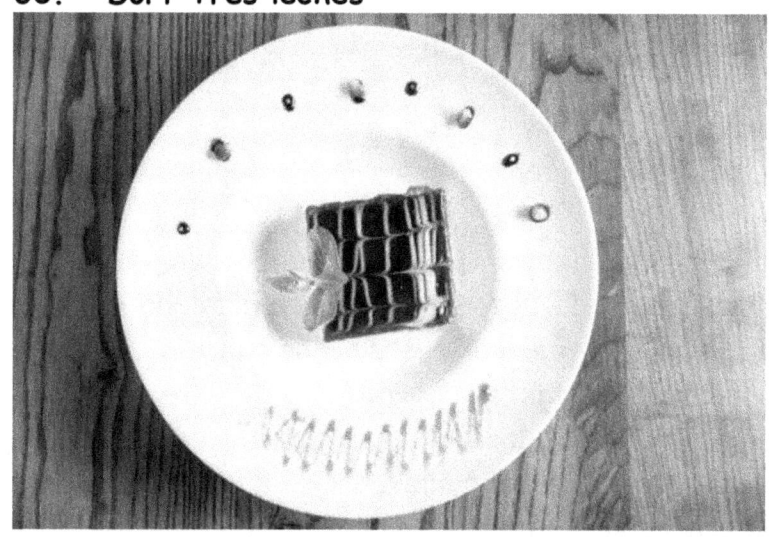

Vyrábí: 16 mini dortíků

Ingredience:
- 1 hrnek univerzální mouky
- 1½ lžičky. prášek na pečení
- Špetka soli
- 5 velkých vajec, oddělených
- 4 polévkové lžíce másla, rozpuštěného a vychladlého
- 1 šálek plus 3 polévkové lžíce krystalového cukru
- 4 lžičky. vanilkový extrakt
- ¼ šálku plnotučného mléka
- 350 ml plechovka odpařeného mléka
- 400 ml plechovka kondenzovaného mléka
- 2 ½ šálků husté smetany
- 1 polévková lžíce nesoleného másla, rozpuštěného a ochlazeného

Pokyny
a) Zahřejte troubu na 340 °F (171 °C). Vymažte máslem a moukou jednu formu na muffiny na 24 nebo dvě formy na muffiny na 12, vyplňte prázdné dutiny vodou a dejte stranou.
b) Ve střední misce smíchejte univerzální mouku, prášek do pečiva a sůl. Dát stranou.
c) Rozdělte bílky a žloutky do různých středních misek. V jedné míse ušlehejte žloutky, 2 lžíce másla a
d) ¾ šálku cukru elektrickým mixérem při střední rychlosti do světle žluté barvy. Přidejte 2 lžičky vanilkového extraktu a plnotučné mléko a šlehejte při nízké rychlosti, dokud se nezapracuje.
e) V druhé míse šlehejte bílky při středně vysoké rychlosti po dobu 2 minut, dokud se nevytvoří měkké špičky.
f) Přidejte ¼ šálku cukru a pokračujte ve šlehání středně vysokou rychlostí, dokud nejsou bílky tuhé.

g) Smíchejte směsi žloutků a mouky. Jemně vmíchejte směs z vaječných bílků a poté těsto nalijte do formy nebo formiček na muffiny.
h) Pečte 20 minut nebo dokud střed neztuhne. Vyjměte, vidličkou propíchněte nahoře otvory a nechte vychladnout.
i) Ve střední misce smíchejte odpařené mléko, kondenzované mléko, ½ šálku husté smetany, zbývající 2 lžíce másla a nesolené máslo a nalijte na koláče.
j) Zbývající 2 šálky husté smetany, zbývající 3 lžíce cukru a zbývající 2 lžičky vanilkového extraktu vyšlehejte elektrickým mixérem při střední rychlosti do nadýchané hmoty. Natřeme na vychladlé koláče.
k) Skladování: Uchovávejte ve vzduchotěsné nádobě v chladničce po dobu až 3 dnů.

31. Vanilkový dort s jahodovým krémem

Slouží 6

Ingredience:
- 1 šálek (100 g) mandlové moučky
- ½ šálku (75 g) Natvia
- 1 lžička. (5 g) prášek do pečiva
- 2 polévkové lžíce (40 g) kokosového oleje
- 2 velká vejce (po 51 g)
- 1 lžička. (5 g) vanilkový extrakt
- 300 ml studené smetany
- 200 g čerstvých zralých jahod

Pokyny:
a) Předehřejte vzduchovou fritézu na 180 °C po dobu 3 minut.
b) Ve velké míse smíchejte mandlovou mouku, Natvii a prášek do pečiva se špetkou mořské soli.
c) Přidejte kokosový olej, vejce a vanilku a míchejte, aby se spojily.
d) Dortovou formu o průměru 16 cm lehce vymažte kokosovým olejem.
e) Pomocí stěrky naškrábejte směs do dortové formy.
f) Vložte koš do fritézy a zakryjte fólií.
g) Vařte při 160 °C, 20 minut.
h) Odstraňte fólii a vařte dalších 10 minut, nebo dokud se zapíchnutá špejle nevyjme.
i) Po vychladnutí šleháme studenou smetanu elektrickým šlehačem po dobu 5 minut nebo dokud se nevytvoří tuhé špičky.
j) Rozetřete po dortu a navrch položte nakrájené jahody.
k) Začněte zvenčí a postupně zapracujte větší plátky (špičatá strana ven).
l) Překrytím jednotlivých vrstev vytvořte výšku.

32. Španělský tvarohový koláč

Porce: 10 porcí

Přísada
- 1 libra smetanového sýra
- 1 ½ šálku cukru; Granulovaný
- 2 vejce
- ½ lžičky skořice; Přízemní
- 1 lžička citronové kůry; Strouhaný
- ¼ šálku nebělené mouky
- ½ lžičky soli
- 1 x cukrářský cukr
- 3 lžíce másla

Pokyny:
a) Předehřejte troubu na 400 stupňů Fahrenheita. Ve velké míse ušlehejte sýr, 1 lžíci másla a cukr. nemlátit.
b) Přidávejte vejce jedno po druhém a po každém přidání důkladně prošlehejte.
c) Smíchejte skořici, citronovou kůru, mouku a sůl. Pánev vymažeme zbylými 2 lžícemi másla a prsty rovnoměrně rozetřeme.
d) Těsto nalijte do připravené formy a pečte při 400 stupních 12 minut, poté snižte na 350 stupňů a pečte dalších 25 až 30 minut. Nůž by měl být bez jakýchkoliv zbytků.
e) Když koláč vychladne na pokojovou teplotu, poprášíme ho cukrářským cukrem.

BROWNIES

33. Dort Mix Konopné Brownies

Vyrábí: 12

Ingredience

- 1 balení směsi čokoládového dortu (běžná velikost)
- 3/4 šálku másla, rozpuštěného
- 1 plechovka (5 uncí) odpařeného mléka, rozdělená
- 1 balení (11 uncí) Kraft karamelové kousky
- 1 šálek polosladkých čokoládových lupínků
- 1 balení žluté dortové směsi (běžná velikost)
- 1 velké vejce, pokojová teplota
- 1/2 šálku plus 1 lžíce másla, změkčeného, rozděleného
- 1 plechovka (14 uncí) slazeného kondenzovaného mléka
- 1 balení (11-1/2 unce) kousky mléčné čokolády

Pokyny
a) Předehřejte troubu na 350°. Linka 13x9 palců. pekáč s pergamenem; mastný papír.
b) Ve velké míse prošlehejte směs na čokoládový koláč, rozpuštěné máslo a 1/3 šálku odpařeného mléka, dokud se nesmíchá; těsto bude husté. 1/4 šálku těsta si ponechte na polevu. Zbylé těsto rozetřeme do připravené pánve. Pečte 6 minut.
c) Mezitím v mikrovlnné troubě rozpusťte kousky karamelu a zbývající 1/3 šálku odpařeného mléka; míchejte do hladka. Posypte horkou čokoládovou kůru polosladkými lupínky; navrch nalijte karamelovou směs. Dát stranou.
d) V další velké míse prošlehejte směs žlutého koláče, vejce a 1/2 šálku změklého másla, dokud se nespojí; těsto bude husté. Polovinu si rezervujte na polevu. Zbývající směs rozdrobte na karamelovou vrstvu. Pečte 6 minut.
e) V mikrovlnné troubě rozpusťte slazené kondenzované mléko, kousky mléčné čokolády a zbývající 1 polévkovou lžíci změklého másla; míchejte do hladka.
f) Nalijte na vrstvu žlutého koláče. Posypeme vyhrazeným žlutým a čokoládovým těstem na dort. Pečte, dokud není povrch zlatavě hnědý, 20-25 minut.
g) Zcela vychladněte na mřížce. Skladujte ve vzduchotěsné nádobě.

34. Triple Fudge Brownies

Vyrábí: 12

Ingredience
- 1 balení (3,9 unce) instantní čokoládové pudingové směsi
- 1 balení směsi čokoládového dortu (běžná velikost)
- 2 šálky polosladkých čokoládových lupínků
- cukr
- Vanilková zmrzlina

Pokyny
a) Pudink připravíme podle návodu na obalu. Vmícháme suchou směs na koláč. Vmíchejte čokoládové lupínky.
b) Nalijte do vymaštěného 15x10x1-in. pekáč. Pečte při 350°, dokud se vršek při lehkém doteku neodpruží, 30-35 minut.
c) Popráším cukrem

35. Brownies se smetanovým sýrem

Vyrábí: 12

Ingredience
- 1 směs čokoládového dortu o objemu 18,25 uncí
- $\frac{1}{2}$ šálku másla, rozpuštěného
- 2 vejce, rozdělená
- $\frac{1}{2}$ krabice cukrářského cukru
- 1 8 uncový balíček smetanový sýr, měkčený

Pokyny
a) Předehřejte troubu na 325 °F. Dortovou formu vymažte tukem a moukou. Dát stranou.
b) Smíchejte dortovou směs, máslo a 1 vejce. Dobře promíchejte. Směs vtlačte do pekáče. Zbývající vejce smíchejte s posledními dvěma ingrediencemi a potřete vršek dortové směsi.
c) Pečte 28 minut. Před nakrájením na čtverečky brownie nechte na pánvi úplně vychladnout.

36. Arašídové sušenky

Výrobce: 36

Ingredience
- 1 18,25 uncový balíček dortový mix z tmavé čokolády
- ½ šálku hořké čokolády, mleté
- ½ šálku másla
- 2 vejce
- ¼ šálku vody
- 1 vana o objemu 16 uncí připravená k roztírání vanilkové polevy
- 1/3 šálku arašídového másla
- 2 hrnky moučkového cukru
- ¼ šálku kakaa
- 3 lžíce vody
- ¼ šálku arašídového másla
- ¼ šálku másla
- 1 lžička vanilky

Pokyny

a) Předehřejte troubu na 350 °F. Nastříkejte na pánev o rozměrech 13" × 9" nepřilnavý sprej na pečení s moukou a dejte stranou.
b) Ve velké míse smíchejte dortovou směs, mletou čokoládu, ½ šálku arašídového másla, vejce a vodu a míchejte, dokud se nespojí. Šlehejte 40 úderů, poté rozetřete do připravené pánve.
c) Pečte 26–31 minut nebo dokud brownies neztuhnou. Zcela vychladnout na mřížce.
d) Ve stejné míse smíchejte moučkový cukr a kakao a dobře promíchejte. V malé misce vhodné do mikrovlnné trouby smíchejte vodu, arašídové máslo a mikrovlnnou troubu na vysoký výkon, dokud se máslo nerozpustí, asi 1 minutu.
e) Nalijte do směsi moučkového cukru, přidejte vanilku a vyšlehejte do hladka.
f) Ihned nalijte na náplň z arašídového másla a jemně rozetřete, aby zakryla. Nechte stát, dokud poleva neztuhne, poté nakrájejte na tyčinky.

37. Brownie kousnutí

Vyrábí: 24

Ingredience
- 1 směs veganského čokoládového dortu o objemu 18,25 uncí
- 1 29-uncová plechovka dýňového pyré
- 2 šálky veganských čokoládových kousků
- 1 hrnek nasekaných vlašských ořechů

Pokyny
a) Předehřejte troubu na 350 °F.
b) Pomocí elektrického mixéru kombinujte dortovou směs a dýni, dokud se zcela nezapracuje. Vmícháme čokoládové kousky a vlašské ořechy.
c) Po lžících dávejte na nepřilnavý plech. Pečte 10 minut. Ochlaďte na mřížce.

38. Čokoláda Bud Brownies

Vyrábí: 12

Ingredience
- 1 3,9 uncový balíček instantního vanilkového pudinku plus přísady požadované na krabici
- 2 šálky plnotučného mléka
- 1 18,25-uncový čokoládový dortový mix bez pudinku
- 2 šálky polosladkých čokoládových lupínků

Pokyny
a) Předehřejte troubu na 350 °F.
b) Vyšleháme pudink a mléko, aby se důkladně spojily.
c) Do pudingové směsi pomalu přidávejte dortovou směs. Vmíchejte čokoládové lupínky.
d) Těsto přendejte do formy na želé a pečte 15 až 20 minut.
e) Před řezáním na tyčinky nechte mírně vychladnout.

39. Vyluhované oříškové brownies

Počet: 24 sušenek

Ingredience:
- 1 šálek směsi čokoládového dortu
- 2 Lžíce nesoleného másla
- 8 LŽICÍ másla
- 1½ šálku tmavě hnědého cukru, pevně zabalený
- ½ šálku mléčné čokolády
- ½ šálku polosladkých čokoládových lupínků
- ½ šálku opečených lískových ořechů, nasekaných

Pokyny
a) Zahřejte troubu na 340 °F (171 °C). Pekáč o rozměrech 9×13 palců (23×33 cm) lehce potřete nepřilnavým sprejem na vaření a dejte stranou.
b) V dvojitém hrnci na mírném ohni rozpustíme nesolené máslo a máslo. Jakmile se rozpustí, stáhněte z ohně a vmíchejte tmavě hnědý cukr. Nalijte směs másla a cukru do směsi na koláč a míchejte, aby se spojila.
c) Přidejte kousky mléčné čokolády, polosladké čokoládové lupínky a lískové oříšky a několik sekund šlehejte, aby se rychle rozprostřely.
d) Přeneste směs do připravené formy a pečte 23 až 25 minut nebo dokud nebude povrch tmavý a suchý. Před nakrájením na 24 kusů a přesunem na talíř zcela vychladněte na pánvi.

40. Nízkosacharidové brownies

Vyrábí: 12

Ingredience
- 3 vejce, rozšlehaná
- 12 t vyluhovaného másla
- 3oz. hořká čokoládaDortová směs
- 3/4 C erythritol

Pokyny:
a) Předehřejte troubu na 350 °F.
b) Smícháme suché ingredience a dáme stranou.
c) Tátinfuzímáslo a čokoládu dohromady 30 sekund, přidejte k rozšlehanému vejci a dobře promíchejte. Přidejte suché přísady.
d) Nalijte těsto do formy 8x8 vyložené pečicím papírem. Pečte 20 minut.

41. Brownies z kobylky

Vyrábí: 12

Ingredience
- 1 10-uncový čokoládový biscotti mix
- 2 velká vejce
- 5 lžic másla, rozpuštěného
- Bio čokoládové kousky
- 3 lžíce mátové příchuti

Pokyny
a) Předehřejte troubu na 350 °F. Dortovou formu 8" × 8" vymažte tukem a moukou. Dát stranou.
b) Ve velké míse smíchejte směs sušenek, vejce, máslo, kousky čokolády a příchuť máty peprné.
c) Ke spojení surovin použijte elektrický mixér nastavený na střední rychlost. Nalijte těsto do pánve. Pečte 25 minut.

42. Mátové brownies

Vyrábí: 18

Ingredience
Brownies
- 1 šálek (230 g) nesoleného másla
- 2 unce polosladké čokolády, hrubě nasekané
- 1 šálek směsi čokoládového dortu

Vrstva mátové polevy
- 1/2 šálku (115 g) nesoleného másla, změklého na pokojovou teplotu
- 2 šálky (240 g) cukrářského cukru
- 2 polévkové lžíce (30 ml) mléka
- 1 a 1/4 lžičky extraktu z máty peprné
- 1 kapka tekutého nebo gelového zeleného potravinářského barviva

Čokoládová vrstva
- 1/2 šálku (115 g) nesoleného másla
- 1 vrchovatý šálek (asi 200 g) polosladkých čokoládových lupínků

Pokyny
Na brownies:
a) Máslo a nasekanou čokoládu rozpusťte ve středním hrnci na středním plameni za stálého míchání asi 5 minut.
b) Vmíchejte dortovou směs

Pro vrstvu mátové polevy:
c) Šlehejte máslo na střední rychlost, dokud nebude hladké a krémové, asi 2 minuty. Přidejte cukrářský cukr a mléko. Přidejte výtažek z máty peprné a potravinářské barvivo a šlehejte na nejvyšší stupeň po dobu 1 celé minuty.

d) Mrazem vychladlé brownies, které jste položili na plech, a plech vložte do lednice.

Na čokoládovou vrstvu:
e) Máslo a čokoládové lupínky rozpusťte ve středním hrnci na středním plameni za stálého míchání asi 5 minut.
f) Jakmile se rozpustí a uhladí, nalijte na mátovou vrstvu.
g) Jemně rozetřete nožem nebo ofsetovou stěrkou. Chlad.
h) Po vychladnutí vyjměte z lednice a nakrájejte na čtverečky.

43. Čokoládové oříškové brownies

Ingredience:
- 1 hrnek neslazeného kakaového prášku
- 1 hrnek univerzální mouky
- 1 lžička. prášek do pečiva
- ¼ lžičky. sůl
- 2 Lžíce nesoleného másla
- 8 LŽICÍ másla
- 1½ šálku tmavě hnědého cukru, pevně zabalený
- 4 velká vejce
- 2 lžičky. vanilkový extrakt
- ½ šálku mléčné čokolády
- ½ šálku polosladkých čokoládových lupínků
- ½ šálku opečených lískových ořechů, nasekaných

Pokyny

a) Zahřejte troubu na 340 °F (171 °C). Pekáč o rozměrech 9×13 palců (23×33 cm) lehce potřete nepřilnavým sprejem na vaření a dejte stranou. Ve střední misce smíchejte neslazený kakaový prášek, univerzální mouku, jedlou sodu a sůl. Dát stranou.

b) V dvojitém hrnci na mírném ohni rozpustíme nesolené máslo a máslo. Jakmile se rozpustí, stáhněte z ohně a vmíchejte tmavě hnědý cukr. Máslovo-cukrovou směs vlijte do moučné směsi a míchejte, aby se spojila.

c) Ve velké míse šlehejte elektrickým šlehačem při střední rychlosti vejce a vanilkový extrakt po dobu 1 minuty. Pomalu přidávejte máslovo-moučnou směs a míchejte ještě 1 minutu, dokud se nespojí. Přidejte kousky mléčné čokolády, polosladké čokoládové lupínky a lískové oříšky a několik sekund šlehejte, aby se rychle rozprostřely.

d) Přeneste směs do připravené formy a pečte 23 až 25 minut nebo dokud nebude povrch tmavý a suchý. Před nakrájením na 24 kusů a přesunem na talíř zcela vychladněte na pánvi.

e) Skladování: Uchovávejte pevně zabalené v plastové fólii v chladničce po dobu 4 až 5 dnů nebo v mrazáku po dobu 4 až 5 měsíců.

44. Arašída Jelly Fudge

Ingredience:
- Javorový sirup, ¾ šálku
- Vanilkový extrakt, 1 lžička
- Arašídy, 1/3 šálku, nasekané
- Arašídové máslo, ¾ šálku
- Sušené třešně, 1/3 šálku, nakrájené na kostičky
- Čokoládový proteinový prášek, ½ šálku

Pokyny
a) Nasekejte arašídy a třešně a nechte stranou.
b) Zahřejte javorový sirup na minimum a poté nalijte na arašídové máslo v misce. Mixujte do hladka.
c) Přidejte vanilku a proteinový prášek a dobře promíchejte, aby se spojily.
d) Nyní přidejte arašídy a třešně a jemně, ale rychle zamíchejte.
e) Přeneste těsto do připravené pánve a zmrazte, dokud neztuhne.
f) Po nastavení nakrájejte na tyčinky a užívejte si.

45. Nepečený mandlový fondán

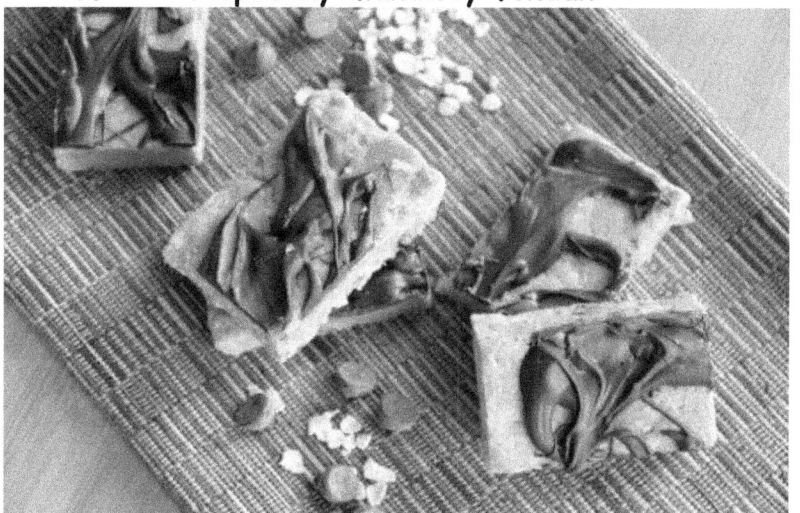

Ingredience:
- Oves, 1 šálek, mletý na mouku
- Zlato, ½ šálku
- Rychlý oves, ½ šálku
- Mandlové máslo, ½ šálku
- Vanilkový extrakt, 1 lžička
- Vanilkový proteinový prášek, ½ šálku
- Čokoládové lupínky, 3 lžíce křupavých rýžových cereálií, ½ šálku

Pokyny

a) Formu na chleba nastříkejte sprejem na vaření a odložte stranou. Smíchejte rýžové cereálie s ovesnou moukou a rychlým ovsem. Držte stranou.
b) Na pánvi rozpustíme mandlové máslo s medem a přidáme vanilku.
c) Tuto směs přendejte do mísy pro suché přísady a dobře promíchejte.
d) Přendejte na připravenou pánev a vyrovnejte pomocí stěrky.
e) Dejte do lednice na 30 minut nebo do ztuhnutí.
f) Mezitím rozpusťte čokoládu.
g) Vyjměte směs z pánve a navrch pokapejte rozpuštěnou čokoládou. Znovu dejte do lednice, dokud čokoláda neztuhne, a poté nakrájejte na tyčinky požadované velikosti.

46. Proteinové tyčinky Red Velvet Fudge

Ingredience:
- Pyré z pečené řepy, 185 g
- Vanilková pasta, 1 lžička
- Neslazené sójové mléko, ½ šálku
- Oříškové máslo, 128 g
- Růžová himalájská sůl, 1/8 lžičky
- Extrakt (máslo), 2 lžičky
- Surová stévie, ¾ šálku
- Ovesná mouka, 80 g
- Proteinový prášek, 210 g

Pokyny
a) V hrnci rozpustíme máslo a přidáme ovesnou mouku, proteinový prášek, řepné pyré, vanilku, extrakt, sůl a stévii. Míchejte, dokud se nespojí.
b) Nyní přidejte sójové mléko a míchejte, dokud se dobře nezapracuje.
c) Směs přendejte na pánev a dejte na 25 minut do lednice.
d) Když je směs tuhá, nakrájejte na 6 tyčinek a užívejte si.

47. Fudge Munchies

Porce: 6-8

Ingredience:
- 1/2 šálku másla
- 1/2 šálku mandlového másla
- 1/8 až 1/4 šálku medu
- 1/2 banánu, rozmačkaný
- 1 lžička. Vanilkový extrakt
- jakýkoli druh ořechového másla
- 1/8 šálku sušeného ovoce
- 1/8 šálku čokoládových lupínků

Pokyny:
a) V mixéru nebo kuchyňském robotu přidejte všechny ingredience. Míchejte několik minut do hladka. 2. Těsto nalijte do formy vyložené pečicím papírem.
b) Nechte vychladit nebo zmrazit, dokud neztuhne. Nakrájejte na 8 stejných čtverců.

48. Matné mocha brownies

Ingredience
- 1 c. cukr
- 1/2 c. máslo, změkl
- 1/3 c. pečení kakao
- 1 t. instantní kávové granule
- 2 vejce, rozšlehaná
- 1 t. vanilkový extrakt
- 2/3 c. všestranná mouka
- 1/2 t. prášek na pečení
- 1/4 t. sůl
- 1/2 c. nasekané vlašské ořechy

Pokyny

a) V hrnci smíchejte granule cukru, másla, kakaa a kávy. Vařte a míchejte na středním plameni, dokud se máslo nerozpustí. Odstraňte z tepla; chladit 5 minut. Přidejte vejce a vanilku; míchejte, dokud se nespojí.

b) Smíchejte mouku, prášek do pečiva a sůl; vložit ořechy. Těsto rozetřeme na vymazaný pekáč 9" x 9". Pečte při 350 stupních po dobu 25 minut, nebo dokud neztuhnou.

c) Ochlaďte na pánvi na mřížce. Potřete mocha polevou na vychladlé brownies; nakrájet na tyčinky. Dělá jeden tucet.

49. Blondínky z chia semínek s pekanovým máslem

Ingredience
- 2 1/4 šálku Pekanové ořechy, pražené
- 1/2 šálku chia semínek
- 1/4 šálku másla, rozpuštěného
- 1/4 šálku Erythritol, práškový
- 1 polévková lžíce SF Torani solené

Karamel
- 2 kapky tekuté stévie
- 2 velká vejce
- 1 lžička. Prášek na pečení
- 3 polévkové lžíce těžké smetany
- 1 špetka soli

Pokyny
a) Předehřejte troubu na 350 F. Odměřte 2 1/4 šálku pekanových ořechů
b) Rozdrťte 1/2 šálku celých chia semínek v mlýnku na koření, dokud nevznikne jídlo.
c) Vyjměte chia jídlo a vložte do misky. Poté rozdrťte 1/4 šálku erythritolu v mlýnku na koření, dokud se nerozdrtí. Vložte do stejné misky jako chia jídlo.
d) Vložte 2/3 opečených pekanových ořechů do kuchyňského robotu.
e) Zpracovávejte ořechy, podle potřeby seškrabujte strany dolů, dokud nevznikne hladké ořechové máslo.
f) Do směsi chia přidejte 3 velká vejce, 10 kapek tekuté stévie, 3 polévkové lžíce SF Salted Caramel Torani sirupu a špetku soli. Toto spolu dobře promíchejte.
g) Do těsta přidejte pekanové máslo a znovu promíchejte.
h) Pomocí válečku rozdrťte zbytek pražených pekanových ořechů na kousky uvnitř plastového sáčku.
i) Do těsta přidejte drcené pekanové ořechy a 1/4 šálku rozpuštěného másla.

j) Těsto dobře promíchejte a poté přidejte 3 polévkové lžíce těžké smetany a 1 lžičku. Prášek na pečení. Vše spolu dobře promícháme.
k) Těsto odměřte na plech 9×9 a uhlaďte.
l) Pečte 20 minut nebo do požadované konzistence.
m) Necháme asi 10 minut vychladnout. Odřízněte okraje brownie, abyste vytvořili jednotný čtverec. Tomu říkám „pekařská pochoutka" – ano, uhodli jste!
n) Svačinu na ty padouchy, zatímco je připravíte sloužit všem ostatním. Takzvanou „nejlepší částí" brownie jsou okraje, a proto si zasloužíte mít všechno.
o) Servírujte a jezte podle svého srdce (nebo spíše makra) obsah!

50. Jablečné sušenky

Ingredience
- 1/2 c. máslo, změkl
- 1 c. cukr
- 1 t. vanilkový extrakt
- 1 vejce, rozšlehané
- 1-1/2 c. všestranná mouka
- 1/2 t. prášek do pečiva

Pokyny
a) Předehřejte troubu na 350 stupňů F (175 stupňů C). Vymažte zapékací misku 9x9 palců.
b) Ve velké míse šlehejte dohromady rozpuštěné máslo, cukr a vejce, dokud nebude nadýchaná. Vmíchejte jablka a vlašské ořechy. V samostatné míse prosejeme mouku, sůl, prášek do pečiva, jedlou sodu a skořici.
c) Moučnou směs vmíchejte do mokré směsi, dokud se nesmíchá. Těsto rovnoměrně rozetřeme do připraveného pekáčku.
d) Pečte 35 minut v předehřáté troubě, nebo dokud párátko zapíchnuté do středu nevyjde čisté.

51. Brownies z máty peprné

Ingredience
- 20 uncí. bal. směs fudge brownie
- 12-oz. bal. kousky bílé čokolády
- 2 t. margarín
- 1-1/2 c. cukrové tyčinky, drcené

Pokyny
a) Připravte a upečte směs na sušenky podle návodu na obalu na vymazaném pekáči 13" x 9". Po upečení zcela vychladíme na pánvi.
b) V hrnci na velmi mírném ohni za stálého míchání gumovou stěrkou rozpustťe čokoládové lupínky a margarín. Směs natřete na brownies; posypeme drceným cukrovím.
c) Před nakrájením na čtverce nechte asi 30 minut odstát. Dělá 2 tucty.

52. Tyčinky z arašídového másla

Ingredience
Kůra
- 1 šálek mandlové mouky
- 1/4 šálku másla, rozpuštěného
- 1/2 lžičky. Skořice
- 1 polévková lžíce Erythritol
- Špetka soli

Popletal
- 1/4 šálku těžké smetany
- 1/4 šálku másla, rozpuštěného
- 1/2 šálku arašídového másla
- 1/4 šálku erythritolu
- 1/2 lžičky. Vanilkový extrakt
- 1/8 lžičky. Xanthanová guma
- Polevy
- 1/3 šálku Lily's Chocolate, nasekané

Pokyny
a) Předehřejte troubu na 400 °F. Rozpusťte 1/2 šálku másla. Polovina bude pro kůru a polovina pro fondán. Smíchejte mandlovou mouku a polovinu rozpuštěného másla.
b) Přidejte erythritol a skořici a poté promíchejte. Pokud používáte nesolené máslo, přidejte špetku soli, abyste získali více chutí.
c) Vše promícháme a natlačíme na dno zapékací mísy vyložené pečicím papírem. Kůru pečte 10 minut nebo dokud nejsou okraje zlatavě hnědé. Vyndejte a nechte vychladnout.
d) Na náplň smíchejte všechny ingredience na fudge v malém mixéru nebo kuchyňském robotu a rozmixujte. Můžete použít i elektrický ruční mixér a mísu.
e) Ujistěte se, že jste seškrábali po stranách a aby se všechny ingredience dobře spojily.

f) Po vychladnutí kůrky jemně rozprostřete fudge vrstvu až ke stěnám pekáče. Pomocí špachtle vyrovnejte vršek co nejlépe.
g) Těsně před zchlazením doplňte tyčinky nasekanou čokoládou.
h) Nechte přes noc v lednici nebo zmrazte, chcete-li to brzy.
i) Po vychladnutí odstraňte tyčinky vytažením pergamenového papíru.
j) Nakrájejte na 8-10 tyčinek a podávejte! Tyto tyčinky z arašídového másla byste si měli vychutnat vychlazené!

53.   Oblíbené cuketové brownies

Ingredience
- 1/4 c. máslo, rozpuštěné
- 1 šálek arašídového másla
- 1 vejce, rozšlehané
- 1 t. vanilkový extrakt
- 1 c. všestranná mouka
- 1 t. prášek na pečení
- 1/2 t. prášek do pečiva
- 1 T. vody
- 1/2 t. sůl
- 2-1/2 T. pečení kakaa
- 1/2 c. nasekané vlašské ořechy
- 3/4 c. cuketa, nakrájená
- 1/2 c. polosladké čokoládové lupínky

Pokyny
a) Ve velké míse smíchejte všechny ingredience kromě čokoládových lupínků.
b) Těsto rozetřeme na vymazaný pekáč 8" x 8"; těsto posypeme čokoládovými lupínky.
c) Pečeme na 350 stupňů 35 minut. Před nakrájením na tyčinky vychlaďte. Dělá jeden tucet.

54. Sladově čokoládové brownies

Ingredience

- 12-oz. bal. mléčné čokoládové lupínky
- 1/2 c. máslo, změkl
- 3/4 c. cukr
- 1 t. vanilkový extrakt
- 3 vejce, rozšlehaná
- 1-3/4 c. všestranná mouka
- 1/2 c. sladové sušené mléko
- 1/2 t. sůl
- 1 c. sladové mléčné kuličky, hrubě nasekané

Pokyny

a) V hrnci na mírném ohni za častého míchání rozpusťte čokoládové lupínky a máslo. Odstraňte z tepla; nechte mírně vychladnout.

b) Vmíchejte zbývající ingredience kromě kuliček ze sladového mléka v uvedeném pořadí.

c) Těsto rozetřeme na vymazaný pekáč 13" x 9". Posypeme kuličkami ze sladového mléka; pečeme při 350 stupních 30 až 35 minut. Chladný. Nakrájejte na tyčinky. Dělá 2 tucty.

55. Německé čokoládové brownies

Ingredience
- 14-oz. bal. karamely, nebalené
- 1/3 c. odpařené mléko
- 18-1/4 oz. bal. Směs německého čokoládového dortu
- 1 c. nasekané ořechy
- 3/4 c. máslo, rozpuštěné
- 1 až 2 c. polosladké čokoládové lupínky

Pokyny

a) V dvojitém kotli rozpusťte karamely s odpařeným mlékem. V misce smíchejte suchou dortovou směs, ořechy a máslo; mícháme, dokud se směs nespojí. Polovinu těsta vtlačíme do vymazaného a moukou vysypaného pekáče o rozměrech 13 x 9 cm.

b) Pečeme při 350 stupních 6 minut. Vyjměte z trouby; posypeme čokoládovými lupínky a pokapeme karamelovou směsí. Navrch nalijte zbývající těsto.

c) Pečte na 350 stupňů o 15 až 18 minut déle. Chladný; nakrájíme na tyčinky. Dělá 1-1/2 tuctu.

56. Fudge ze zeleného čaje Matcha

Ingredience:
- Máslo z pražených mandlí, 85 g
- Ovesná mouka, 60 g
- Neslazené vanilkové mandlové mléko, 1 šálek
- Proteinový prášek, 168 g
- Hořká čokoláda, 4 oz. roztavený
- Prášek ze zeleného čaje Matcha, 4 lžičky
- Extrakt ze stévie, 1 lžička
- Citron, 10 kapek

Pokyny

a) V hrnci rozpusťte máslo a přidejte ovesnou mouku, čajový prášek, proteinový prášek, citronové kapky a stévii. Dobře promíchejte.
b) Nyní nalijte mléko a neustále míchejte, dokud se dobře nespojí.
c) Směs přendejte do ošatky a chlaďte do ztuhnutí.
d) Navrch pokapejte rozpuštěnou čokoládou a znovu chlaďte, dokud čokoláda neztuhne.
e) Nakrájejte na 5 tyčinek a užívejte si.

57. Gingerbread Brownies

Ingredience

- 1-1/2 c. všestranná mouka
- 1 c. cukr
- 1/2 t. prášek do pečiva
- 1/4 c. pečení kakao
- 1 t. mletý zázvor
- 1 t. skořice
- 1/2 t. mletý hřebíček
- 1/4 c. máslo, rozpuštěné a mírně vychladlé
- 1/3 c. melasa
- 2 vejce, rozšlehaná
- Obloha: moučkový cukr

Pokyny

a) Ve velké míse smíchejte mouku, cukr, jedlou sodu, kakao a koření. V samostatné misce smíchejte máslo, melasu a vejce. Přidejte směs másla do směsi mouky a míchejte, dokud se nespojí.

b) Těsto rozetřeme na vymazaný pekáč 13" x 9". Pečte při 350 stupních po dobu 20 minut, nebo dokud se párátko po vložení do středu nevyčistí.

c) Ochlaďte na pánvi na mřížce. Posypeme moučkovým cukrem. Nakrájíme na čtverečky. Dělá 2 tucty.

COOKIES

58. Preclík a karamelové sušenky

Dělá asi 2 tucty

Ingredience
- 1 balení směsi čokoládového dortu (běžná velikost)
- 1/2 šálku másla, rozpuštěného
- 2 velká vejce, pokojová teplota
- 1 šálek nalámaných miniaturních preclíků, rozdělených
- 1 šálek polosladkých čokoládových lupínků
- 2 lžíce slaného karamelového polevy

Pokyny
a) Předehřejte troubu na 350°. Smíchejte dortovou směs rozpuštěné máslo a vejce; šlehejte, dokud se nesmíchá. Vmíchejte 1/2 šálku preclíků, čokoládové lupínky a karamelovou polevu.
b) Po kulatých lžících kápněte 2 palce od sebe na vymazané plechy. Lehce zploštěte dnem sklenice; přitiskněte zbývající preclíky na horní část každého. Pečte 8–10 minut nebo dokud neztuhnou.
c) Chladíme na pánvích 2 minuty. Vyjměte na mřížku, aby úplně vychladla.

59. Konopná sušenka Buckeye

Vyrobí 12 porcí

Ingredience
- 1 balení směsi čokoládového dortu (běžná velikost)
- 2 velká vejce, pokojová teplota
- 1/2 šálku olivového oleje
- 1 šálek polosladkých čokoládových lupínků
- 1 šálek krémového arašídového másla
- 1/2 hrnku cukrářského cukru

Pokyny
a) Předehřejte troubu na 350°.
b) Ve velké míse smíchejte dortovou směs, vejce a olej, dokud se nespojí. Vmíchejte čokoládové lupínky. Polovinu těsta vtlačte do 10-ti palců. litinová nebo jiná žáruvzdorná pánev.
c) Smíchejte arašídové máslo a cukrářský cukr; rozetřete na těsto na pánvi.
d) Zbývající těsto vtlačte mezi listy pergamenu do 10-palcového. kruh; místo přeplnění.
e) Pečte, dokud párátko zapíchnuté do středu nevyjde s vlhkou strouhankou, 20–25 minut.

60. Dort mix cookies

Počet porcí: 54

Přísada
- 1 balení Německý čokoládový dort Mix; pudink v ceně
- 1 šálek polosladkých čokoládových lupínků
- ½ šálku ovesných vloček
- ½ šálku rozinek
- ½ šálku olivového oleje
- 2 vejce; mírně ubitý

Pokyny
a) Zahřejte troubu na 350 stupňů.
b) Ve velké míse smíchejte všechny ingredience; dobře promíchejte. Těsto dávejte po zakulacených lžičkách dva palce od sebe na nenamazané plechy.
c) Pečte při 350 stupních 8-10 minut nebo dokud neztuhnou. Chladit 1 minutu; vyjměte z plátů sušenek.

61. Devil Crunch Cookies

Vytvoří: 60 COOKIES

Ingredience
- 1 směs čokoládového dortu 18,25 uncí
- ½ šálku olivového oleje
- 2 vejce, mírně rozšlehaná
- ½ šálku nasekaných pekanových ořechů
- 5 běžných tyčinek mléčné čokolády, rozdělených na čtverce
- ½ šálku slazeného strouhaného kokosu

Pokyny
a) Předehřejte troubu na 350 °F.
b) Smíchejte dortovou směs, olej a vejce v misce a zcela promíchejte. Jemně vmíchejte pekanové ořechy do těsta.
c) Těsto po lžících nanášejte na nevymazané plechy. Pečte 10 minut. Vyjměte, když jsou sušenky ztuhlé, ale uprostřed ještě trochu měkké.
d) Na každou sušenku položte jeden čtvereček mléčné čokolády. Když se rozpustí, rozetřete a vytvořte čokoládovou polevu na vršku sušenky.
e) Sušenky ihned přesuňte na mřížku a nechte je úplně vychladnout.

62. Pekanové sušenky

Vytvoří: 24 COOKIES

Ingredience
- 1 šálek směsi máslového pekanového koláče
- 1 šálek směsi čokoládového dortu
- 2 vejce, mírně rozšlehaná
- ½ šálku olivového oleje
- 2 lžíce vody

Pokyny
a) Předehřejte troubu na 350 °F.
b) Smíchejte ingredience a promíchejte, aby vzniklo rovnoměrné těsto.
c) Po lžících házejte na nevymaštěný plech. Pečte 15 minut nebo dozlatova a ztuhněte.
d) Necháme 5 minut vychladnout na plechu. Vyjměte na mřížku, aby úplně vychladla.

63. Brownies se šlehačkou

dělá: 48 COOKIES

Ingredience
- 1 směs čokoládového dortu o objemu 18 uncí
- 1 lžíce kakaového prášku
- 1 vejce
- 1 šálek pekanových ořechů, nasekaných
- ¼ šálku cukru
- 4 unce šlehané polevy

Pokyny
a) Předehřejte troubu na 350 °F.
b) Smíchejte dortovou směs, kakaový prášek a vejce a dobře promíchejte. Jemně vmíchejte pekanové ořechy do těsta.
c) Potřete si ruce cukrem a z těsta tvarujte malé kuličky. Kuličky cukroví obalte cukrem.
d) Umístěte na plech, ponechte mezi sušenkami 2 palce.
e) Pečte 12 minut nebo dokud neztuhnou. Vyjměte z trouby a přesuňte na mřížku, aby vychladla. Navrch našleháme šlehačku.

64. Směs na dort Sendvičové sušenky

Vyrábí: 10

Ingredience
- 1 směs čokoládového dortu o objemu 18,25 uncí
- 1 vejce, pokojová teplota
- ½ šálku másla
- 1 vanilka o objemu 12 uncí

Pokyny
a) Předehřejte troubu na 350 °F.
b) Plech na sušenky zakryjte vrstvou pečícího papíru. Dát stranou.
c) Ve velké míse smíchejte dortovou směs, vejce a máslo. Pomocí elektrického mixéru vytvořte hladké, jednotné těsto.
d) Z těsta na sušenky vyválejte kuličky o průměru 1" a položte je na plech. Každou kuličku přitlačte lžící, aby se vyrovnala. Pečte 10 minut.
e) Před vložením vrstvy polevy mezi dvě sušenky nechte sušenky úplně vychladnout.

65. Granolové a čokoládové sušenky

Vytvoří: 36 COOKIES

Ingredience
- 1 směs čokoládového dortu 18,25 uncí
- ¾ šálku másla. změkčil
- ½ šálku baleného hnědého cukru
- 2 vejce
- 1 šálek granoly
- 1 šálek bílých čokoládových lupínků
- 1 šálek sušených třešní

Pokyny
a) Předehřejte troubu na 375 °F.
b) Ve velké míse smíchejte dortovou směs, máslo, hnědý cukr a vejce a šlehejte, dokud se nevytvoří těsto.
c) Vmíchejte granolu a kousky bílé čokolády. Kápejte po lžičkách asi 2 palce od sebe na nenamazané plechy.
d) Pečte 10–12 minut, nebo dokud nejsou sušenky po okrajích lehce zlatavé.
e) Nechte 3 minuty chladit na plátech sušenek a poté vyjměte na mřížku.

66. Cukrové sušenky

Vytvoří: 48 COOKIES

Ingredience
- 1 18,25-uncový dortový mix z bílé čokolády
- $\frac{3}{4}$ šálku másla
- 2 bílky
- 2 lžíce světlé smetany

Pokyny
a) Do velké mísy dejte dortovou směs. Pomocí mixéru na pečivo nebo dvou vidliček nakrájejte máslo, dokud nebudou částečky jemné.
b) Vmíchejte bílky a smetanu, dokud se nesmíchá. Z těsta vytvarujte kouli a přikryjte.
c) Nechte chladit alespoň dvě hodiny a až 8 hodin v lednici.
d) Předehřejte troubu na 375 °F.
e) Z těsta vyválejte koule o průměru 1" a pokládejte na nevymazané plechy. Vyrovnejte dnem sklenice na tloušťku $\frac{1}{4}$".
f) Pečte 7–10 minut, nebo dokud nejsou okraje sušenek světle hnědé.
g) Nechte 2 minuty chladnout na plátech sušenek a poté je vyjměte na mřížku, aby úplně vychladly.

67. Německé sušenky

Vyrábí: 4 tucty sušenek

Ingredience
- 1 18,25 uncový krabičkový německý čokoládový dort mix
- 1 šálek polosladkých čokoládových lupínků
- 1 šálek ovesných vloček
- ½ šálku olivového oleje
- 2 vejce, mírně rozšlehaná
- ½ šálku rozinek
- 1 lžička vanilky

Pokyny
a) Předehřejte troubu na 350 °F.
b) Smíchejte všechny ingredience. Dobře promíchejte pomocí elektrického mixéru nastaveného na nízkou rychlost. Pokud se vytvoří moučné drobky, přidejte kapku vody.
c) Těsto po lžících dávejte na nevymaštěný plech.
d) Pečte 10 minut.
e) Před zvednutím sušenek z plechu a na servírovací misku úplně vychladněte.

68. Anisette Cookies

Počet porcí: 36

Ingredience:
- 1 hrnek cukru
- 1 šálek másla
- 3 hrnky mouky
- ½ šálku mléka
- 2 rozšlehaná vejce
- 1 polévková lžíce prášku do pečiva
- 1 polévková lžíce mandlového extraktu
- 2 lžičky anýzového likéru
- 1 hrnek cukrářského cukru

Pokyny:
a) Předehřejte troubu na 375 stupňů Fahrenheita.
b) Cukr a máslo ušlehejte do světlé a nadýchané hmoty.
c) Postupně zapracujte mouku, mléko, vejce, prášek do pečiva a mandlový extrakt.
d) Těsto hněteme, dokud nebude lepkavé.
e) Z kousků těsta o délce 1 palce vytvořte malé kuličky.
f) Předehřejte troubu na 350 ° F a vymažte plech na pečení. Kuličky položte na plech.
g) Předehřejte troubu na 350 ° F a pečte sušenky po dobu 8 minut.
h) V míse smíchejte anýzový likér, cukrářský cukr a 2 lžíce horké vody.
i) Nakonec sušenky namáčejte ještě teplé v polevě.

69. **Čokoládové sušenky**

Porce: 12 sušenek

Ingredience:
- ½ šálku másla
- ⅓ šálku smetanového sýra
- 1 vejce rozšlehané
- 1 lžička vanilkového extraktu
- ⅓ šálku erythritolu
- ½ šálku kokosové mouky
- ⅓ šálku čokoládových lupínků bez cukru

Pokyny:
a) Předehřejte vzduchovou fritézu na 350 °F. Fritovací koš vyložte pečicím papírem a vložte do něj sušenky
b) V misce smícháme máslo a smetanový sýr. Přidejte erythritol a vanilkový extrakt a šlehejte, dokud nebude nadýchaná. Přidejte vejce a šlehejte, dokud se nezapracuje. Vmícháme kokosovou mouku a čokoládové lupínky. Těsto necháme 10 minut odpočinout.
c) Odeberte asi 1 polévkovou lžíci těsta a vytvořte sušenky.
d) Vložte sušenky do koše vzduchové fritézy a vařte 6 minut.

70. Sladké zelené sušenky

Ingredience:
- 165 g zeleného hrášku.
- 80 g nasekaných datlí Medrol.
- 60 g hedvábného tofu, rozmačkaného.
- 100 g mandlové mouky.
- 1 lžička prášku do pečiva.
- 12 mandlí.

Pokyny:
a) Předehřejte troubu na 180°C/350°F.
b) Smíchejte hrášek a datle v kuchyňském robotu.
c) Zpracovávejte, dokud nevznikne hustá pasta.
d) Hráškovou směs přendejte do misky. Vmícháme tofu, mandlovou mouku a prášek do pečiva. Ze směsi vytvarujte 12 kuliček.
e) Kuličky vyskládejte na plech vyložený pečicím papírem. Každou kuličku zploštíme naolejovanou dlaní.
f) Do každé sušenky vložte mandli. Sušenky pečte 25–30 minut nebo dozlatova.
g) Před podáváním vychlaďte na mřížce.

71. Čokoládové sušenky

Ingredience:
- 2 hrnky univerzální bezlepkové mouky.
- 1 lžička jedlé sody.
- 1 lžička mořské soli.
- 1/4 šálku veganského jogurtu.
- 7 lžic veganského másla.
- 3 lžíce kešu másla
- 1 1/4 šálku kokosového cukru.
- 2 chia vejce.
- Hořká čokoláda, vyloupit porce.

Pokyny:
a) Předehřejte troubu na 375 ° F
b) Ve středně velké míse smíchejte bezlepkovou mouku, sůl a jedlou sodu. Dejte stranou, zatímco budete rozpouštět máslo.
c) Do mísy vložte máslo, jogurt, kešu máslo, kokosový cukr a pomocí mixovacího stojanu nebo ručního mixéru několik minut mixujte, dokud se nespojí.
d) Přidejte chia vejce a dobře promíchejte.
e) Přidejte mouku do směsi chia vajec a mixujte na nízké úrovni, dokud se nespojí.
f) Vmíchejte kousky čokolády.
g) Těsto dejte na 30 minut ztuhnout do lednice.
h) Těsto vyndejte z lednice a nechte asi 10 minut ohřát na pokojovou teplotu a vyložte plech pečícím papírem.
i) Rukama naberte 1 1/2 polévkové lžíce těsta na sušenky na pečící papír. Mezi jednotlivými sušenkami nechte malý prostor.
j) Sušenky pečte 9-11 minut. Potěšte se!

72. Sýrové předkrmové sušenky

Výtěžek: 1 porce

Přísada
- 4 unce (1 šálek) strouhaného ostrého sýra čedar.
- ½ šálku změkčené majonézy nebo másla
- 1 hrnek univerzální mouky
- ½ lžičky soli
- 1 čárka mletá červená paprika

Pokyny:
a) Do odměrky lehce nasypte mouku; vyrovnat.
b) V mírném pokrmu smícháme sýr, margarín, mouku, sůl a červenou papriku. Důkladně promíchejte a zakryjte a nechte 1 hodinu chladit.
c) Z těsta tvarujte kuličky o průměru 1 palce.
d) Umístěte 2 palce od sebe na nenamazaný gril. Zrovnejte vidličkou nebo použijte povrch změkčovače masa namočený v mouce.
e) Pokud chcete, lehce postříkejte paprikou.
f) Grilujte 10 až 12 minut

73. Sušenky z mandlového cukru

Výtěžek: 32 sušenek

Přísada
- 5 lžic margarínu (75 g)
- 1½ lžičky fruktózy
- 1 lžíce vaječného bílku (15 ml)
- ¼ lžičky mandlového, vanilkového nebo citronového extraktu (1,25 ml)
- 1 hrnek nebělené mouky (125 g)
- ⅛ lžičky jedlé sody (0,6 ml)
- 1 špetka tatarského krému
- 32 plátků mandlí

Pokyny

a) Předehřejte troubu na 350F (180C). Ve středně velké misce smíchejte margarín a fruktózu a šlehejte, dokud nebude světlá a nadýchaná. Vmícháme vaječný bílek a mandlový extrakt. Postupně vmíchejte mouku, jedlou sodu a vinný kámen; dobře promíchejte. Vytvarujte kuličky o velikosti ½ palce (1¼ cm). Umístěte na nepřilnavý plech.

b) Navrch každou sušenku položte plátek mandle. Pečte 8 až 10 minut, dokud lehce nezhnědnou. Přeneste na pergamen nebo voskový papír, aby vychladl.

74. Cukrové sušenky

Vytvoří: 48 COOKIES

Ingredience
- 1 18,25-uncový dortový mix z bílé čokolády
- $\frac{3}{4}$ šálku másla
- 2 bílky
- 2 lžíce světlé smetany

Pokyny

a) Do velké mísy dejte dortovou směs. Pomocí mixéru na pečivo nebo dvou vidliček nakrájejte máslo, dokud nebudou částečky jemné.

b) Vmíchejte bílky a smetanu, dokud se nesmíchá. Z těsta vytvarujte kouli a přikryjte.

c) Nechte chladit alespoň dvě hodiny a až 8 hodin v lednici.

d) Předehřejte troubu na 375 °F.

e) Z těsta vyválejte koule o průměru 1" a pokládejte na nevymazané plechy. Vyrovnejte dnem sklenice na tloušťku $\frac{1}{4}$".

f) Pečte 7-10 minut, nebo dokud nejsou okraje sušenek světle hnědé.

g) Nechte 2 minuty chladnout na plátech sušenek a poté je vyjměte na mřížku, aby úplně vychladly.

75. Cukrové sušenky s máslovou polevou

VÝNOS: 5 DUKATŮ
Ingredience
cookie:
- 1 šálek másla
- 1 hrnek bílého cukru
- 2 vejce
- 1/2 lžičky vanilkového extraktu
- 31/4 šálků univerzální mouky
- 1/2 lžičky prášku do pečiva
- 1/2 lžičky jedlé sody
- 1/2 lžičky soli

Máslová poleva:
- 1/2 šálku zkrácení
- 1 libra cukrářského cukru
- 5 lžic vody
- 1/4 lžičky soli
- 1/2 lžičky vanilkového extraktu
- 1/4 lžičky extraktu s příchutí másla

Pokyny

a) Ve velké míse smíchejte máslo, cukr, vejce a vanilku elektrickým šlehačem, dokud nebudou světlé a nadýchané. Smíchejte mouku, prášek do pečiva, jedlou sodu a sůl; Postupně vmíchejte moučnou směs do máslové směsi, dokud se dobře nerozmíchá pomocí pevné lžíce. Těsto chladíme 2 hodiny.

b) Předehřejte troubu na 400 °F (200 °C). Na lehce pomoučeném povrchu těsto rozválejte na tloušťku 1/4 palce. Pomocí vykrajovátek nakrájejte na požadované tvary. Umístěte sušenky 2 palce od sebe na nenamazané plechy.

c) Pečte 4 až 6 minut v předehřáté troubě. Vyjměte sušenky z pánve a ochlaďte na mřížkách.

d) Elektrickým šlehačem ušlehejte tuk, cukrářský cukr, vodu, sůl, vanilkový extrakt a máslové aroma do nadýchané hmoty. Zmrazujte sušenky až po úplném vychladnutí.

76. Cukrovinky z mandlových cihel

Výtěžek: 1 porce

Přísada
- 2¼ šálku univerzální mouky
- 1 šálek cukru
- 1 šálek másla
- 1 vejce
- 1 lžička jedlé sody
- 1 lžička vanilky
- 6 uncí mandlových cihel

Pokyny

a) Předehřejte troubu na 350 F. Vymažte plechy na sušenky. Ve velké míse mixéru smíchejte mouku, cukr, máslo, vejce, jedlou sodu a vanilku. Šlehejte při střední rychlosti a často škrábejte, dokud se dobře nepromíchá, 2 až 3 minuty. Vmíchejte kousky mandlí.

b) Tvarujte kulaté lžíce těsta do 1 palcových kuliček. Umístěte 2 palce od sebe na připravené plechy. Sušenky vyrovnejte na tloušťku ¼ palce se dnem vymazané sklenice namočeným v cukru.

c) Pečte 8 až 11 minut nebo dokud okraje nezezlátnou. Okamžitě odstraňte.

77. Amish cukroví

Výtěžek: 24 porcí

Přísada
- ½ šálku cukru;
- ⅓ šálku práškového cukru;
- ¼ šálku margarínu; (1/2 tyčinky)
- ⅓ šálku rostlinného oleje
- 1 vejce; (velký)
- 1 lžička vanilky
- 1 lžička Citronové nebo mandlové aroma
- 2 lžíce vody
- 2¼ šálku univerzální mouky
- ½ lžičky jedlé sody
- ½ lžičky vinného kamene;
- ½ lžičky soli

Pokyny

a) Do mísy mixéru dejte cukry, margarín a olej a mixujte při střední rychlosti do krémova. Přidejte vejce, vanilku, aroma a vodu a míchejte při střední rychlosti po dobu 30 sekund, přičemž před a po přidání těchto ingrediencí seškrábněte mísu. Zbývající přísady smíchejte dohromady, aby se dobře promíchaly; přidejte do krémové směsi a míchejte při střední rychlosti, aby se rozmixovalo. Z těsta vytvarujte 24 kuliček pomocí 1 polévkové lžíce těsta na kouli.

b) Kuličky pokládejte na pláty sušenek, které byly postříkány sprejem na pánve nebo vyložené hliníkovou fólií. Kuličky rovnoměrně zatlačte na ½' zadní stranou polévkové lžíce namočenou ve vodě. Pečte při 375 °C po dobu 12 až 14 minut, nebo dokud sušenky zespodu nezhnědnou a kolem okrajů lehce zhnědnou. Vyjměte sušenky na mřížku a ochlaďte na pokojovou teplotu.

78. Základní sušenky ze sádla

Výtěžek: 1 porce
Přísada
- $\frac{3}{4}$ šálku sádla
- $\frac{3}{4}$ šálku baleného hnědého cukru
- 1 každé vejce
- 1 lžička vanilky
- 1 lžička prášku do pečiva
- 2 šálky mouky

Pokyny
a) Sádlo, cukr a vejce ušleháme do krémové a dobře propojené směsi.
b) Vmíchejte vanilku a přidejte prášek do pečiva a mouku, dokud nevznikne těsto.
c) Z těsta vytvarujte kuličky o průměru asi 1 palec a položte na plech.
d) Kuličky prsty lehce zploštěte, abyste vytvořili kulatou sušenku.
e) Pečeme v předehřáté troubě na 350 stupňů, dokud nejsou okraje pěkně hnědé. Vyjměte a nechte vychladnout.

79. Skořicové cukroví

Výtěžek: 48 porcí

Přísada
- 2½ šálku mouky
- ½ šálku másla
- 2½ lžičky prášku do pečiva
- ¾ šálku cukru
- ¼ lžičky soli
- 1 vejce; zbitý
- ⅛ lžičky skořice
- ½ šálku podmáslí
- Cukrová směs
- ½ šálku cukru
- 1 lžička skořice

Pokyny
a) Smíchejte mouku s práškem do pečiva, solí a ⅛ lžičky skořice. V jiné misce ztučněný smetanový tuk a cukr, dokud nebude světlý a nadýchaný.
b) Přidejte vejce a dobře prošlehejte. Vmíchejte ⅓ mouky, poté přidejte mléko a zbývající mouku a mezi každým přidáním promíchejte.
c) Více mouky nepřidávejte, vypracuje vláčné těsto, které se po vychladnutí nebude lepit. Těsto dejte na pár hodin do lednice, dokud pořádně nevychladne.
d) Odebírejte lžíce těsta a jemně tvarujte kuličky. Kuličky těsta vyválejte ve směsi skořice/cukru a poté zploštěte a položte na vymazaný plech a pečte při 375 stupních asi 12 minut.
e) Sušenky by měly být jemně opečené.

80. Popraskané cukroví

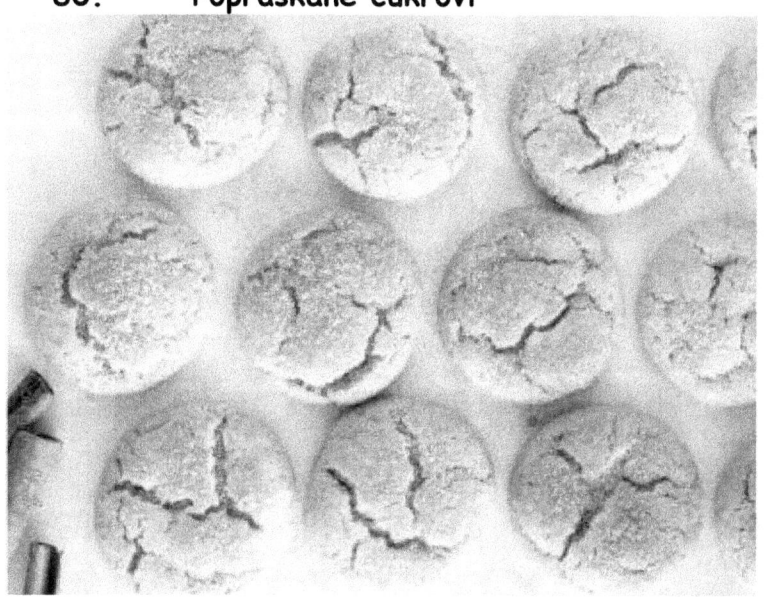

Výtěžek: 48 porcí
Přísada
- 1¼ šálku cukru
- 1 šálek másla, změkl
- 3 velké žloutky, rozšlehané
- 1 lžička vanilkového extraktu
- 2½ šálku prosáté univerzální mouky
- 1 lžička jedlé sody
- ½ lžičky tatarského krému

Pokyny
a) Předehřejte troubu na 350 stupňů. Dva plechy na sušenky lehce vymažte tukem. Cukr a máslo spolu ušlehejte do světlé barvy. Zašlehejte žloutky a vanilku.
b) Prosejeme odměřenou prosátou mouku, jedlou sodu a smetanu z vinného kamene a poté vmícháme do máslovo-cukrové směsi.
c) Z těsta tvarujte kuličky velikosti vlašského ořechu. Na plechy na sušenky položte 2" od sebe. Nesrovnávejte. Pečte asi 11 minut, dokud vršek nepopraská a nezbarví se. Vychlaďte na mřížce. Vyrobíte 4 tucty.

81. Sušenky z pekanového cukru

Výtěžek: 1 porce

Přísada
- 1¼ šálku cukru, světle hnědé vody
- 3 lžíce medu
- 1 vejce
- 2⅓ šálku mouky
- 1 šálek pekanových ořechů, hrubě mletých
- 2½ lžičky skořice
- 1 lžíce jedlé sody
- 1 lžíce nového koření

Pokyny
a) V míse smíchejte hnědý cukr, vodu, med a vejce. Šlehejte asi 10 sekund mixérem.
b) V samostatné misce smíchejte mouku, pekanové ořechy, skořici, nové koření a jedlou sodu, prášek do pečiva, dobře promíchejte.
c) Přidejte k mokrým surovinám a promíchejte. Těsto dávejte po lžičkách na vymazaný plech. Pečeme při 375 stupních 12 minut.
d) Udělá asi 3 tucty sušenek. Před uložením nechte dobře vychladnout.

KOŠÍČKY A MUFFINY

82. Košíčky s citronovou směsí dortů

Dělá 2 tucty

Ingredience
- 1 balení směsi na dort z bílé čokolády
- 1/4 šálku citronového tvarohu
- 3 lžíce citronové šťávy
- 3 lžičky nastrouhané citronové kůry
- 1/2 šálku másla, změkčeného
- 3-1/2 hrnku cukrářského cukru
- 1/4 šálku jahodového džemu bez pecek
- 2 polévkové lžíce 2% mléka

Pokyny
a) 24 košíčků na muffiny vyložte papírovými vložkami.
b) Připravte těsto na dortovou směs podle návodu na obalu, před mícháním těsta snižte vodu o 4 polévkové lžíce a přidejte citronový tvaroh, citronovou šťávu, citronovou kůru.
c) Připravené poháry naplňte asi do dvou třetin.
d) Pečte a ochlaďte cupcakes podle návodu.
e) Ve velké míse ušlehejte máslo, cukrářský cukr, marmeládu a mléko dohladka. Mrazem chlazené cupcakes.

83. Čokoládové karamelové košíčky

Dělá 2 tucty

Ingredience
- 1 balení směsi čokoládového dortu
- 3 lžíce másla
- 24 karamelů
- 3/4 šálku polosladkých čokoládových lupínků
- 1 hrnek nasekaných vlašských ořechů
- Další vlašské ořechy

Pokyny
a) Připravte těsto na dortovou směs podle návodu na obalu na cupcaky s použitím másla.
b) Naplňte 24 papírem vyložených košíčků na muffiny do jedné třetiny; zbylé těsto odložíme stranou. Pečte při 350° po dobu 7-8 minut, nebo dokud nebude vršek košíčku ztuhlý.
c) Do každého košíčku jemně vtlačte karamel; posypeme čokoládovými lupínky a vlašskými ořechy. Navrch se zbylým těstem.
d) Pečte o 15-20 minut déle, nebo dokud nevyjde párátko čisté.
e) Před vyjmutím z pánví na mřížky nechte 5 minut ochlazovat, aby úplně vychladly.

84. Mud Pie Cupcakes

Vyrábí: 24

Ingredience
- 1 Směs čokoládového dortu o objemu 18,25 uncí plus přísady požadované na krabici
- 3 lžíce másla
- 1 čokoládová poleva na vanu 16 uncí
- 2 šálky rozdrobených čokoládových sendvičových sušenek
- Čokoládový sirup na ozdobu
- 1 8uncový balíček gumový červ

Pokyny
a) Připravte a upečte cupcakes podle návodu na dortovou směs.
b) Před polevou nechte cupcakes úplně vychladnout.
c) Vrchní polevu s drobenkou ze sušenek a pokapejte čokoládovým sirupem.
d) Rozpulte gumové červy. Umístěte každou řeznou hranu do polevy, abyste vytvořili iluzi červa klouzajícího v bahně.

85. Směs na dort Dýňové muffiny

Vyrábí: 24

Ingredience
- 1 29-uncová plechovka dýňového pyré
- 1 směs čokoládového dortu o objemu 16,4 unce
- 3 lžíce oleje

Pokyny
a) Předehřejte troubu podle pokynů pro míchání koláčů s použitím oleje.
b) Formičky na muffiny vyložte papírovými košíčky na pečení.
c) Dýňové pyré rozmixujte na koláčovou směs. Nalijte do formiček na muffiny.
d) Pečeme podle návodu na dortovou směs na muffiny.

86. Směs na dort Pralinkové košíčky

Počet: 24 koláčků

Ingredience
- 1 směs čokoládového dortu o objemu 18,25 uncí
- 1 šálek podmáslí
- $\frac{1}{4}$ šálku olivového oleje
- 4 vejce
- Poleva na karamelovou zmrzlinu
- Nakrájené pekanové ořechy na ozdobu
- 72 pralinek

Pokyny
a) Předehřejte troubu na 350 °F. Formu na muffiny vyložte papírovými košíčky na pečení.
b) Smíchejte dortovou směs, podmáslí, olej a vejce ve velké míse a šlehejte pomocí elektrického mixéru nastaveného na nízkou rychlost, dokud nevznikne hladké těsto. Zapékací misky naplňte do poloviny.
c) Pečte 15 minut nebo dokud nejsou vršky zlatavé. Vyjměte cupcakes z trouby a před přidáním polevy nechte úplně vychladnout.
d) Vrchní košíčky s karamelovou polevou; posypeme pekanovými ořechy a ozdobíme 3 pralinkami na košíček.

87. Košíčky Piña Colada

Počet: 24 koláčků

Ingredience
- 1 18,25-uncový dortový mix z bílé čokolády
- 1 3,9-uncový box instantní směs francouzského vanilkového pudinku
- ¼ šálku olivového oleje
- ½ šálku vody
- 2/3 šálku světlého rumu, dělené
- 4 vejce
- 1 plechovka 14 uncí plus 1 šálek drceného ananasu
- 1 šálek slazeného, strouhaného kokosu
- 1 vanilka o objemu 16 uncí
- 1 nemléčná šlehaná vana o objemu 12 uncí
- Opečený kokos na ozdobu
- Koktejlové slunečníky

Pokyny
a) Předehřejte troubu na 350 °F.
b) Smíchejte dortovou směs, pudingovou směs, olej, vodu a 1/3 šálku rumu pomocí elektrického mixéru na střední rychlost. Přidávejte vejce jedno po druhém a za pochodu pomalu zašlehejte těsto.
c) Přiklopte plechovku ananasu a kokosu. Nalijte do formiček a pečte 25 minut.
d) Pro přípravu polevy smíchejte 1 šálek drceného ananasu, zbývající 1/3 šálku rumu a vanilkovou polevu, dokud nezhoustne.
e) Přidejte nemléčnou našlehanou polevu.
f) Zcela vychladlé cupcakes zmrazte a ozdobte praženým kokosem a slunečníkem.

88. Třešňové kolové mini dortíky

Vyrábí: 24

Ingredience
- 2 vejce
- 1 lžička vanilky
- 1 18,25-uncový dortový mix z bílé čokolády
- 1 ¼ šálku koly s třešňovou příchutí
- 1 12-uncová vana hotová poleva dle vašeho výběru

Pokyny
a) Předehřejte troubu na 350 °F.
b) Formu na muffiny vyložte papírovými košíčky na pečení. Lehce postříkejte sprejem na vaření.
c) Smíchejte vejce, vanilku, dortovou směs a cherry colu v míse a dobře promíchejte pomocí elektrického mixéru.
d) Pečte 20 minut.
e) Úplně cool cupcakes

89. Red Velvet Cupcakes

Počet: 24 koláčků

Ingredience
- 2 bílky
- 2 šálky červené sametové dortové směsi
- 1 šálek směsi čokoládového dortu
- 1 sáček čokoládových lupínků o objemu 12 uncí
- 1 12-uncová plechovka citronovo-limetkové sodovky
- 1 12-uncová vana připravená k namazání polevou ze zakysané smetany

Pokyny
a) Předehřejte troubu na 350 °F. Formu na muffiny vyložte papírovými košíčky na pečení.
b) Smíchejte vaječné bílky, obě směsi na koláče, čokoládové lupínky a sodu ve velké míse. Dobře promíchejte, dokud nevznikne hladké těsto. Těsto nalijte do zapékacích misek.
c) Pečte 20 minut.
d) Před polevou nechte cupcakes vychladnout.

90. Cupcakes s jablečným koláčem

Vyrábí: 24

Ingredience
- 1 18,25-uncový dortový mix z bílé čokolády
- ¼ šálku vody
- ¼ šálku kokosového oleje
- 1 vejce
- 2 lžíce připravené směsi koření na dýňový koláč
- 1 15-uncová plechovka náplně jablečného koláče
- 1 poleva ze smetanového sýra ve vaně o objemu 12 uncí

Pokyny
a) Předehřejte troubu na 350 °F. Formu na muffiny vyložte papírovými košíčky na pečení.
b) Směs na koláč, vodu, kokosový olej, vejce a směs koření smíchejte elektrickým mixérem, dokud nevznikne hladké těsto.
c) Vložíme koláčovou náplň. Zapékací misky naplňte do poloviny. Pečte 23 minut.
d) Před polevou nechte košíčky vychladnout na mřížce.

91. Myší košíčky

Počet: 24 koláčků

Ingredience
- 1 Směs čokoládového dortu o objemu 18,25 uncí plus přísady požadované na krabici
- 1/2 šálku oleje
- 24 malých kulatých čokoládových mátových sušenek, rozpůlených
- 1 12,6 uncový sáček kulatých bonbonů potažených čokolád
- Tenké provázky černé lékořice
- 24 kopečků čokoládové zmrzliny

Pokyny
a) Předehřejte troubu na 375 °F. Formu na muffiny vyložte papírovými košíčky na pečení.
b) Připravte si těsto a pečte podle návodu na dortovou směs na košíčky na olivovém oleji.
c) Vyjměte cupcakes z trouby a nechte je úplně vychladnout.
d) Vyjměte košíčky z papírových košíčků.
e) Pomocí rozpůlených kulatých sušenek na uši, bonbónů na oči a nos a lékořice na vousy ozdobte košíčky tak, aby připomínaly myši. Umístěte na plech a zmrazte.

92. Kirsch čokoládové muffiny

Dělá: 6-8

Ingredience:
- 1/2 lžičky. prášek do pečiva
- 1/2 šálku másla
- ½ šálku nahrubo nakrájené tmavé čokolády
- 3/4 šálku hnědého cukru
- 1/4 šálku buď neslazeného kakaového prášku
- 3/4 šálku mléka
- 1 1/4 šálku samokypřící mouky
- 2 vejce
- 15 uncí tmavých třešní v sirupu
- 1 polévková lžíce kakaa
- Extra 1 lžička. moučkový cukr

Pokyny
a) Nastavte troubu na 350 °F. Připravte si plech na muffiny s 12 otvory s vložkami. Máslo a cukr ušlehejte dohromady a přidávejte po jednom vejce.
b) Vezměte jedlou sodu, kakao a mouku a prosejte spolu s máslem z předchozího míchání.
c) Dokončete smícháním s předchozím mlékem, čokoládou a máslem.
d) Dokončete smícháním s mlékem, čokoládou a 25 minut. Znamením, že jsou košíčky hotové, je provedení testu čistého párátka.
e) Jakmile je uvařené, odstavte jej z ohně a nechte vychladnout, zatímco se vyrábí poleva. Frost a užijte si to!

93. Mrkvové muffiny

Dělá: 10-12

Ingredience:
- 1¾ šálků mouky
- 1 lžička soli
- 1 lžička skořice
- 1 lžička mletého zázvoru
- ½ lžičky strouhaného muškátového oříšku
- ¼ lžičky jedlé sody
- ⅛ lžičky prášku do pečiva
- 1 šálek javorového sirupu
- ½ šálku rozpuštěného kokosového oleje
- ½ šálku mléka
- 1 lžíce čerstvé citronové šťávy
- 1 lžička vanilkového extraktu
- 2 šálky strouhané mrkve
- ½ šálku drceného ananasu, okapaného
- ½ šálku každé rozinky, kokosu a pekanových ořechů

Pokyny
a) Předehřejte troubu na 350 °F. Dvě formy na 12 muffinů vyložte papírem na muffiny nebo je vymažte tukem a moukou.
b) Ve velké míse smíchejte mouku, sůl, skořici, zázvor, muškátový oříšek, jedlou sodu a prášek do pečiva.
c) V samostatné misce smíchejte javorový sirup, kokosový olej, mléko, citronovou šťávu a vanilku.
d) Smíchejte mokré a suché ingredience a jemně je promíchejte, dokud se nespojí
e) Vmíchejte mrkev, ananas, rozinky, kokos a pekanové ořechy.
f) Připravené formičky na muffiny naplňte do dvou třetin. Koláč necháme péct asi 25 minut.
g) Před podáváním je nechte trochu vychladnout.

94. Rumové rozinkové košíčky

Ingredience:
Rumové rozinky
- ¼ šálku tmavého rumu
- ½ šálku zlaté rozinky

Košíčky
- 1 hrnek univerzální mouky
- 1¼ lžičky prášku do pečiva
- ¼ lžičky mleté skořice
- ⅛ lžičky mletého nového koření
- ⅛ lžičky čerstvě nastrouhaného muškátového oříšku
- ½ šálku másla, mírně změklého
- 2 lžíce nesoleného másla, mírně změklého
- ¾ šálku světle hnědého cukru
- 3 velká vejce
- 1 lžíce čistého vanilkového extraktu
- ¼ lžičky čistého rumového extraktu

Sladká krémová poleva
- ¼ šálku nesoleného másla
- ½ šálku husté smetany
- 2 hrnky moučkového cukru, prosátého
- ⅛ lžičky soli

Pokyny
a) Připravte si rumové rozinky: V malém hrnci rozehřejte rum na mírném ohni.
b) Vmíchejte rozinky a odstavte je z tepla.
c) Směs dejte do mísy a poté ji přikryjte fólií a nechte uležet při pokojové teplotě alespoň 6 hodin nebo přes noc.
d) Připravte košíčky: Předehřejte troubu na 180 °C
e) Do formy na muffiny vložte papírové vložky. Ve střední míse smíchejte mouku, prášek do pečiva, skořici, nové koření a muškátový oříšek.

f) Dát stranou. Ve velké míse pomocí elektrického šlehače šlehejte máslo, běžné máslo a hnědý cukr na střední až vysokou rychlost, dokud neuvidíte, že je světlejší a jako mrak, postupně přidávejte vejce a po každém přidání dobře prošlehejte.
g) Vmícháme vanilkový a rumový extrakt. Snižte rychlost mixéru na nízkou, přidejte směs mouky a míchejte, dokud se nespojí.
h) Vmíchejte rumové rozinky a případnou zbývající tekutinu. Naberte těsto na cupcaky do pánve.
i) Pečte ho asi 20 až 25 minut, nebo dokud nevyjde zlatohnědé a párátko zapíchnuté do středu košíčku čisté.
j) Nechte 5 minut vychladnout ve formě a poté přendejte na mřížku, aby úplně vychladla. Košíčky bez polevy lze skladovat až 3 měsíce.
k) Připravte si sladkou krémovou polevu:
l) Ve střední misce elektrickým mixérem vyšlehejte máslo na střední rychlost, dokud nebude krémové.
m) Snižte rychlost na střední a přidejte smetanu a 1 šálek moučkového cukru; šlehejte, dokud se dobře nespojí. Pomalu přidejte zbývající 1 šálek cukru a soli.
n) Polevu vložte do sáčku opatřeného špičkou dle vašeho výběru a košíčky namrazte nebo je jednoduše pomrazte nožem na máslo nebo malou ofsetovou špachtlí.
o) Uchovávejte matné košíčky ve vzduchotěsné nádobě v chladničce po dobu až 1 týdne.

95. Horké čokoládové košíčky

Dělá: 2-4

Ingredience:
- ½ šálku univerzální mouky
- 1 lžička. Prášek na pečení
- Špetka soli
- 1/3 šálku kakaa
- ½-1 t vloček pálivé červené papriky
- 2 polévkové lžíce oleje
- Málo ½ šálku mléka
- ½ lžičky. Vanilka
- ¼ lžičky. Jablečný ocet
- ¼ šálku cukru

Pokyny

a) Předehřejte troubu na 365°. Smíchejte mouku, prášek do pečiva, sůl a cukr. Metla! Přidejte mokré ingredience a šlehejte, dokud nebudou úplně hladké.
b) Naplňte 4-5 košíčků do 2/3.
c) Pečte 20 minut, nebo dokud nevyjde párátko čisté.
d) Před polevou nechte úplně vychladnout.

96. Banánové rozdrobené muffiny

Dělá: 8-10

Ingredience
- 1 ½ šálku mouky
- 1/3 šálku másla
- 3 rozmačkané banány
- 3/4 hrnku třtinového cukru
- 1/3 šálku baleného hnědého cukru
- 1 lžička. prášek do pečiva
- 1 lžička. prášek na pečení
- 1/2 lžičky. stolní sůl
- 1 vejce
- 2 polévkové lžíce mouky
- 1 polévková lžíce másla
- 1/8 lžičky. mletá skořice

Pokyny:
a) Přiveďte teplo vaší trouby na 350 f. a plech na muffiny o 10 šálcích lehce potřete máslem. Vyndejte velkou mísu a smíchejte 1,5 šálku mouky, jedlou sodu, prášek do pečiva a sůl.
b) V samostatné misce smíchejte rozmačkané banány, vejce, třtinový cukr a 1/3 šálku rozpuštěného másla.
c) Tuto směs vmíchejte do první směsi, dokud se nesmíchá. Toto těsto rovnoměrně rozetřete do vymazaných nebo máslem vymazaných košíčků na muffiny.
d) V jiné misce smíchejte hnědý cukr, skořici a 2 lžíce mouky. Nakrájíme na 1 polévkovou lžíci másla.
e) Touto směsí potřete těsto na muffiny ve formách. Pečeme 18-20 minut; nechte vychladnout na mřížce a užívejte si.

97. Citronové kokosové muffiny

Dělá: 8-10

Ingredience:
- 1 1/4 šálku mandlové mouky
- 1 hrnek strouhaného neslazeného kokosu
- 2 lžíce kokosové mouky
- 1/2 lžičky. prášek do pečiva
- 1/2 lžičky. prášek na pečení
- 1/4 lžičky. sůl
- 1/4 šálku medu (syrového)
- Šťáva a kůra z 1 citronu
- 1/4 šálku plnotučného kokosového mléka
- 3 vejce, rozšlehaná
- 3 polévkové lžíce kokosového oleje
- 1 lžička. vanilkový extrakt

Pokyny:
a) Přiveďte teplo vaší trouby na 350 f. V malé misce smícháme všechny mokré ingredience. Ve střední misce smíchejte všechny suché ingredience. Nyní nalijte mokré ingredience do mísy pro suché ingredience a vymíchejte do těsta.
b) Nechte těsto několik minut odležet a poté znovu promíchejte. Nyní vymažte formu na muffiny a každou naplňte asi do dvou třetin. Vložíme do trouby a pečeme asi 20 minut.
c) Vyzkoušejte propečenost muffinu zapíchnutím párátka do středu, a pokud vyjde čistý, znamená to, že můžete jít. Vyndejte z trouby, nechte chvíli vychladnout a podávejte!

98. Francouzské toastové košíčky

Vyrábí: 12

Ingredience:

Poleva
- ¼ šálku univerzální mouky
- ¼ šálku cukru
- 2½ lžíce nesoleného másla, nakrájené na ½palcové kousky
- ½ lžičky mleté skořice
- ¼ šálku nasekaných pekanových ořechů

Košíčky
- 1½ šálku univerzální mouky
- 1 šálek cukru
- 1½ lžičky prášku do pečiva
- 1 lžička mleté skořice
- ½ lžičky mletého nového koření
- ¼ lžičky čerstvě nastrouhaného muškátového oříšku
- ½ lžičky soli
- ½ šálku másla mírně změklého
- ½ šálku zakysané smetany
- 2 velká vejce
- ½ lžičky javorového extraktu
- 4 plátky slaniny

Pokyny

a) Nejprve je třeba připravit zálivku. Ve střední misce smíchejte cukr, mouku, skořici, vlašské ořechy a máslo.

b) Prsty vmíchejte máslo, dokud nezůstanou kousky větší než malý hrášek. Zakryjte a chlaďte, dokud není připraven k použití.

c) Připravte košíčky: Předehřejte sporák na 350 °F. Formu na 12 kelímků na sušenky vyložte papírovými vložkami. V obrovské míse smíchejte mouku, cukr, prášek na přípravu, skořici, nové koření, muškátový oříšek a sůl. Umístěte na bezpečné místo.

d) V obrovské míse pomocí elektrického mixéru šlehejte máslo, smetanu, vejce a javorový sirup na střední rychlost, dokud nebude směs dobře promíchána.
e) Snižte rychlost mixéru na nízkou a přidejte směs mouky. Beat, dokud se jednoduše nezpevní. Naplňte každou jamku formy na sušenky do 2/3, pečte ji asi 20 až 25 minut, nebo dokud párátko zapuštěné do ohniska košíčku řekne pravdu.
f) Zatímco se košíčky ohřívají, opečte slaninu tak, jak ji máte rádi. Přesuňte na papírovou utěrku, aby odkapal přebytečný olej a nechte vychladnout. Cupcakes musí být vychlazeny ve formě asi 15 minut. V tu chvíli se přesuňte na mřížku, aby úplně vychladla.
g) Slaninu nakrájejte na 12 kousků a vmáčkněte kousek do vrchní části každého muffinu.
h) Pro uchování muffinů v mrazáku ho pevně uzavřete a vydrží až 3 měsíce, stačí vynechat slaninu. Ohřejte v toustovači pro extra lahodnost.

99. Kolibří košíčky

Vyrábí: 12

Ingredience:
- 2 velké zralé banány, rozmačkané
- 1 šálek univerzálního
- 1/2 lžičky. prášek na pečení
- 1/3 šálku ananasu (rozdrceného (nevypouštět)
- 1/2 lžičky. prášek do pečiva
- 1/2 lžičky. mletá skořice
- 1/4 lžičky. sůl
- ½ šálku másla, pokojové teploty
- 1/2 šálku cukru
- 2 velká vejce
- 1 lžička. čistý vanilkový extrakt
- 1/2 šálku nasekaných pekanových ořechů
- 1 šálek neslazeného sušeného kokosu
- 1/2 šálku zlatých rozinek
- Krémová sýrová poleva
- 8 uncí smetanového sýra při pokojové teplotě
- 1/4 šálku másla při pokojové teplotě
- 3 hrnky moučkového cukru
- 2 lžičky vanilkového extraktu

Pokyny:
a) Předehřejte troubu na 350 stupňů a rošt umístěte doprostřed. Připravovanou formu na 12 muffinů vyložte vložkami na košíčky.
b) V misce smíchejte banány a ananas.
c) Rozmačkejte hřbetem vidličky a dejte stranou. Mouku, prášek do pečiva, jedlou sodu, skořici a sůl prošlehejte nebo prošlehejte v samostatné střední misce.
d) Do velké mísy přidejte máslo a cukr. Šlehejte metličkou, dokud není směs nadýchaná a světlá. Postupně přidávejte vejce a poté vanilkový extrakt. Suché ingredience

přidávejte po kopečkách do mokrých a šlehejte, dokud se důkladně nespojí.
e) Vmíchejte ananas a banány, dávejte pozor, abyste je nepřemixovali. Vmíchejte pekanové ořechy, kokos a zlaté rozinky (pokud používáte). Nalijte těsto do vložek a pracujte tak, aby naplnilo alespoň 2/3 těsta. Vložíme do trouby a necháme péct asi 30 až 40 minut.
f) Mezi známky dokončených košíčků bude patřit párátko, které vychází čisté a má navenek zlatý vzhled.
g) Vyjměte z trouby a položte na mřížku, aby vychladla. Jakmile toho dosáhnete, pomocí malé špachtle nebo kuchyňského nože namrazte vršky každého košíčku. Navrch dejte jemně nasekané pekanové ořechy.

Poleva (smetanovo-sýrová)
h) Smetanový sýr a máslo dejte do mísy a šlehejte spolu metličkou do hladka a bez hrudek.
i) Poté přidejte vanilkový extrakt a jemný cukr, za stálého šlehání, dokud není světlý a hladký.

ZÁVĚR

Jako každá kreativní činnost je i pečení formou sebevyjádření, která pomáhá zmírnit stres. Recept je jen recept, dokud ho nepřijde pekař udělat – vloží do něj trochu své vášně, kreativity a lásky. Pečení lze dokonce použít jako formu komunikace pro chvíle, kdy slova nestačí. Dokáže vyjádřit lásku, poděkování, uznání a dokonce i sympatie.

www.ingramcontent.com/pod-product-compliance
Lightning Source LLC
Chambersburg PA
CBHW071328110526
44591CB00010B/1062